体育传播媒体及传播实践研究

韩文婷　著

西北工業大學出版社

西　安

【内容简介】 本书分6章，内容主要包括体育与传播学、体育传播与平面媒体、体育传播与数字媒体、体育传播与网络媒体、体育传播的效果与测量以及大型体育赛事传播的策划等。

本书可作为高等院校体育相关专业学生的参考用书，也可供从事体育教育理论研究的工作者参考。

图书在版编目（CIP）数据

体育传播媒体及传播实践研究 / 韩文婷著. — 西安: 西北工业大学出版社, 2020.4
ISBN 978-7-5612-6866-7

I. ①体… II. ①韩… III. ①体育-传播学-研究-中国 IV. ①G80-05

中国版本图书馆 CIP 数据核字(2020)第 048615 号

TIYU CHUANBO MEITI JI CHUANBO SHIJIAN YANJIU
体育传播媒体及传播实践研究

责任编辑：万灵芝　　策划编辑：雷　鹏
责任校对：王瑞霞　　装帧设计：吴志宇
出版发行：西北工业大学出版社
通信地址：西安市友谊西路127号　　邮编：710072
电　　话：（029）88493844，88491757
网　　址：www.nwpup.com
印 刷 者：北京市兴怀印刷厂
开　　本：710 mm×1 000 mm　　1/16
印　　张：12.25
字　　数：201千字
版　　次：2021年1月第1版　　2023年4月第2次印刷
定　　价：68.00元

前　言

从游戏和竞技演进而来的现代体育，经过历史的积淀和时空的过滤，升华为具有丰富内涵的社会活动和焕发人的美与潜能的社会文化现象，对人类自身的进化、完善和社会进步发挥着重要的作用和功能。体育从其脱离人类生产劳动自然形态伊始，便具有了人类信息传递的特征和属性。同时，伴随着人类文明在社会中得以广泛传播，并且在传播中流动、增值，对人类社会发展和人们的生活方式产生了深刻的影响。

体育传播是一个新兴的交叉研究领域，与其他学科相比，体育传播学形成较晚。20 世纪 80 年代以来，随着体育和大众传媒的迅速发展，一些学者开始从传播学的视角研究体育传播现象，并出现一批富有价值的研究成果。中国在恢复国际奥委会的合法席位以后，竞技体育得到迅速发展。信息技术长足进步，特别是电视体育媒体和网络媒体的快速发展，使体育运动与大众传媒的关系越来越紧密，人们对体育新闻传播现象与行为越来越关注，同时，媒体对体育新闻传播专门人才的需求不断增加，专家、学者开始将体育新闻传播作为一个重要领域进行深入、系统的研究。

体育传播学的研究对象是人们在体育领域中的传播活动，其主要任务是探索体育传播与人类社会的关系，解释体育传播过程中出现的各种现象，揭示体育传播发生发展过程的特征及规律。为了系统整理和研究体育传播的历史、形式、结构、过程和效果等问题，笔者在多年体育传播学教学经验积累和研究成果提炼的基础上，撰写了本书。

本书在借鉴既有的传播学和体育学理论成果的基础上，采用多学科的视角和方法，结合体育传播的实践，阐述体育传播的基本理论和更深层次的社会意义，力求使体育传播既有理论指导，也具有应用基础，为体育传播从业者和理论工作者提供具有参考价值的文本。

由于笔者水平有限，对体育传播这一新兴领域的研究尚显不足，书中难免有不足之处，恳请专家、学者不吝赐教，使本书得到进一步修正和升华，为体育传播学的健康发展服务。

著　者

目　录

目录

第一章　体育与传播学

第一节　传播与传播要素

传播学是二十世纪三四十年代在西方兴起的一门社会科学。同其他学科相比，传播学的历史并不悠久，同时，作为一门边缘学科，传播学同新闻学、社会学、心理学等学科关系十分密切。

随着传播学细分化深入研究趋势的加强，不同学科领域的学者从各自不同的学科角度探索传播问题，诞生了不同的传播分支学科——文艺传播学、体育传播学、经济传播学等。然而，不论传播分支学科有多丰富，其基础仍是传播学的基本理论。而作为基本理论的传播学，它的研究对象是与人类社会时时相伴的传播。

传播是人类发展史上一种普遍的社会现象，它伴随着人类社会发展的始终，可以说，人类的一切活动中都有传播的影子。传播学作为一门新兴的独立学科，其研究对象、概念确立、明确分类、功能分析等都对传播学的健康规范发展有着重要意义。本节主要就传播的概念及含义、传播的分类、传播的要素等内容进行论述。

一、传播的概念及含义

汉语“传播”一词最早是英语 communication 的对译词，但由于 communication 的意义更为丰富，有通信、传达、交流、交往等含义，其外延比“传播”要大，所以汉语的“传播”与英语的 communication 相似却并不相同。但由于两者之间的历史渊源，国内的一些学者还是认为，“作为传播学最基本概念的传播(communication)，其主要含义是精神内容的传播”。

那么，中国是否在 communication 之前没有“传播”一词呢？据方汉奇教授考证，“传播”一词在 1 400 年前就出现在《北史·突厥传》中，原文为“传播中外，咸使知闻”。经过漫长的历史发展，至 20 世纪初，一些西方传播学者已经将

"传播"作为学术研究对象。例如，美国社会学家库利在1909年出版的《社会组织》中设了"传播"一章专门论述。在这一章中，他将"传播"定义为人与人之间关系赖以成立和发展的机制——包括一切精神象征及其在空间中得到传递、在时间上得到保存的手段。它包括表情、态度和动作、声调、语言、文章、印刷品、铁路、电报、电话以及人类征服空间和时间的其他任何最新成果。

由于传播学者所处的社会及文化背景不同，传播在不同的语境中具备了不同的意蕴。在传播学成为一门独立的学科之后，关于传播的定义有许多版本，如今有关传播的定义至少有140多种。概括起来，这些"五花八门"的传播定义中有影响的是以下几大类。

(一) 共享说

这种学说着重强调"传播"是传者与受者对信息、知识、思想的共同分享，其代表学者是美国著名传播学家施拉姆，他认为"我们在传播的时候，是努力想同谁确立'共同'的东西，即我们努力想'共享'的信息、思想或态度"。这种学说在一些信息的发布和享受掌握在少数统治阶级手中的国家，无疑具有积极意义。

(二) 影响说

这种学说着重强调"传播"是传者欲对受众施加影响的行为。其代表人物是传播学的创始人之一霍夫兰及传播学者贾尼斯、G. 彼得森等人。如霍夫兰认为，传播是指"某个人(传播者)传递刺激(通常是语言的)以影响另一些人(接受者)行为的过程"。而另外两位学者 J. 露西和 G. 彼得森认为，"传播"这一概念，包含人与人之间相互影响的全过程。"影响说"在某种程度上揭示了传播的本质，即"每个人都想把自己的思想装进别人的脑袋中"。

(三) 互动说

这种学说着重强调传播现象中传者与受众之间相互作用、相互影响的双向性与互动性。其代表学者是 G. 格伯纳和瓦茨罗维克等人。G. 格伯纳认为，传播是"通过讯息进行的社会的相互作用"，瓦茨罗维克认为，"在互动的情境中，有讯息价值的所有活动都是传播"。"互动说"对传播学的贡献是促使传者重视受众

的反馈和调动受众参与传播活动的积极性，从而改变了人类传播最初的线型格局。(如 CCTV-5 的《天下足球》节目)

除了上述重要的三类学说，关于“传播”的定义还有过程说、交流说、符号说等。虽然各种学说的着重点不同，但都涉及“传播”的必要因素，如“传者”“受众”“传播内容”“行为或活动”。通过对这些定义的批判性总结，我们不妨将“传播”的定义概括为：传者通过传播符号和工具向受众传播信息、知识、思想等的行为。

二、传播的分类

通过对传播的概念和含义的分析，我们可以发现人类传播是一种社会实践活动。社会实践活动的丰富性决定了传播类型的多样性。在“传播分类”的科学研究方面，世界各国的传播学者进行了多样性划分。如二分法，即分为亲身传播和大众传播，还有人类传播和非人类传播等。其中，较有代表性和说服力的说法是将人类传播活动分为人际传播、组织传播和大众传播三大类。

(一) 人际传播

人际传播是指人类传播活动中个人与个人之间信息、知识、思想等的传播，它是两个以上行为主体之间的信息传播活动。人际传播是社会生活中最普遍、最丰富的传播现象，同时也是大众传播的基础和第一环节(几乎所有的大众传播都需要记者采访，而采访即是一种人际传播现象)。两人以上的谈话、书信往来、电话交流、互发邮件、微信交流等，都属于人际传播的范畴。“人际传播像一个万花筒，它的多样性反映了社会生活的多样性。”

同其他传播，尤其是大众传播相比，人际传播能获得最为直观、便捷而准确的反馈。在人际传播活动中，传者同受众的界限不明确，属于一种非制度化的传播，受传播环境和政策的限制较小，其传播中的动态特征比较符合传播含义中的“共享说”和“交流说”。

值得注意的是，随着大众传播内容和形式的日益丰富，人际传播活动通过大众传播媒介(书籍、报纸、广播、电视、网络等)而衍化为大众传播，如电视栏目中的“访谈类节目”，报纸中的“专访类文章”等。这就要求大众传播学者不仅要研究大众传播的规律、特点，也要充分研究、利用人际传播的特点和规律。

(二) 组织传播

所谓“组织传播”，顾名思义，是在一个由许多个体构成的组织内进行的传播。从规模上看，组织传播属于传播社会系统内的中观系统，其规模大于人际传播而小于大众传播。从实质上来看，“组织传播是指组织所从事的信息活动，它包括两方面：一是组织内传播，二是组织外传播”。

从传播的手段来看，组织传播除了应用人际传播手段(谈话、肢体语言、书信、电话、传真、文件等)外，还更多地使用大众传播手段(如组织内部的刊物、企业单位里的有线广播电视等)。值得注意的是，同人际传播活动一样，组织传播活动借助大众传媒的渠道(电视、网络、报纸、杂志等)成为大众传播的主要内容之一，呈现出同大众传播交叉融合的态势。例如，凤凰卫视中文台的电视栏目《世纪大讲堂》，就是通过电视这种大众媒介将教室中授课这种传统意义上的组织传播活动呈现给广大受众，从而成为一种颇受欢迎的大众传播节目形态。类似的还有各广播电台、电视台对重大新闻事件举行的“新闻发布会”的直播等。

(三) 大众传播

相对于上述两类传播，大众传播是一个庞大的社会信息传输系统，可以说，书籍、报刊、广播、电视等大众传媒的信息传播活动渗透于人类社会生活的各个方面。而且，从传播的目的和功能来看，大众传播不仅是受众获取信息和知识、娱乐身心、实现自我教育的主要渠道，而且是实现国家和社会目标的重要手段和各大利益集团维护自身利益的工具。

三、传播的要素

(一) 传播者

一个基本传播过程的顺利完成，必须具备这样几个要素：传播者、信息、受众。在这个基本过程中，传播者作为首要因素，处于主体地位，是传播活动的发起人。从某种程度上讲，传播者的传播理念决定着传播内容的质量和数量、传播效果的优劣等。

所谓传播者，即在传播活动中发出信息的主体，既可以是个人，也可以是群体或组织。按其在传播活动中担任的角色，可分为普通传播者和职业传播者。普通传播者指那些不以传播为职业，不需要进行专业的传播教育和训练，不受职业规范要求的传播者。在现实生活中，除了职业传播场合之外，所有人都是普通传播者。职业传播者指专门从事传播，以传播为职业，需要经过严格的职业素质教育，拥有相关的传播专业知识，符合传播行业职业要求、规范的人员或组织，包括记者、编辑、演员、节目主持、作家、教师、报纸、电视、广播电台、网站等。

1．传播者的权利

本节所论述的传播者的权利，主要针对职业传播者而言。由于非职业传播者的权利与公民及受众的权利相融合，故不展开论述。那么，职业传播者拥有哪些权利呢？邵培仁认为，新闻传播从业者主要享有以下 5 项权利。

(1) 采访权。

采访权是指记者可以通过一切正当的手段自由地采访新闻的权利。这种权利是保证记者客观公正地记录、报道新闻事件的基础，也是法律赋予大众职业传播者的特殊权利。

(2) 报道权。

报道权是指记者、编辑等新闻工作者和媒介组织有权将收集、采访到的信息全面、真实地报道给受众的权利。“尊重和维护报道权，意味着传播者具有通过不同的符号、形式和媒介渠道，自由地对外传播和发出符合事实真相的信息的权利，也意味着传播者同时拥有制作权、著作权、导播权、出版权等项权利。”

(3) 批评权。

批评权是指记者等新闻工作者和媒介组织拥有对采访、报道对象的言行、观点进行议论和批评的权利。“事实上，连言禁最严厉的国家也承认公众和记者有批评权。”

(4) 专业保密权。

专业保密权是指记者和新闻媒介有对新闻提供者的情况实行保密的权利。专业保密既是一种权利，又是一种义务。保密的目的在于保护新闻人员和新闻自由，使他们便于接触提供情报的人士而又不辜负公众的信赖。

(5) 安全保护权。

安全保护权是指记者的人身和生命安全受到必要保护的权利。在世界范围内，新闻记者被认为是仅次于卫兵、警察的最危险的职业。确实，每年都有大量新闻记者死于战火或暗杀。自 1997 年以来，全世界每年都有上百名记者死亡。在 2003 年爆发的伊拉克战争中，有 12 名记者死于战火。

2. 大众传播者的责任

大众传播者在维护、争取自身权利的同时，也应负起社会赋予他们的责任，承担起大众传媒的各项职责。关于大众传播者的责任，传播学者论述颇多。笔者认为，大众传播的“把关人”理论尤为重要。

(1) 大众传播者的“把关人”角色。

美国大众传播学者认为，大众传媒在向社会和受众传递信息的过程中，起着过滤的作用。例如，作为权威的传媒机构和受众获取信息的重要来源，通讯社每天报道的新闻只是已发生的重要新闻的百分之一，而读者最后从报纸上读到的新闻又只占通讯社的百分之一。那么，究竟在处理信息的过程中，哪些可以被传递出去，哪些应该被舍弃呢？这里便涉及传播者的“把关人”角色问题。

“把关人”概念是由美国社会心理学家库尔特·勒温在《群体生活的渠道》一书中首先提出来的。在第二次世界大战期间，美国为节约战争开支，宣传、号召民众食用牛肝，勒温在对这场宣传活动的过程进行研究时发现，除非家庭主妇们接受了宣传，把牛肝买回家并做成菜肴，否则她们的家人很难有机会接触这种食品。在此过程中，家庭主妇实际上扮演着“把关人”的角色。1947 年，勒温再次论述了这个问题，认为在群体传播过程中存在着一些“把关人”，只有符合群体规范和“把关人”价值标准的信息内容才能进入传播渠道。

(2) “把关人”应该承担的责任。

通过对大众传播的过程分析可以发现，决定信息传播内容和流向的“把关人”(既可以是编辑、主编等个人，也可以是大众媒介组织)承担着很重要的责任，如承担着受众、把关者和传播者三种角色。那么，“把关人”应该担负起哪些责任呢？笔者认为，“把关人”主要应担负起下述几种责任。

1) 社会责任。大众传媒和传播者要“供给真实、概括的、明智的关于当天事件的记述，它要能说明事件的意义”，它应当成为“一个交换评论和批评的论坛”。要负担起为社会大众谋取利益的责任，启发公众使其自治。也就是说，传播者应当提供给受众全面、准确、客观、理性的信息和观念。

2) 监督责任。大众传媒和传播者要作为监督政府和社会环境的哨兵，不断对变化中的社会环境发出警示，以帮助国家、政府和人民树立必要充分的防范意识。

3) 教育责任。大众传媒和传播者应当传播健康的、有用的，有利于提升受众文化素质、知识水平以及思想道德品质的思想、知识、观念，切实利用现代科技手段，承担起教育民众的责任。

4) 传承责任。大众传媒和传播者应当积极地记录、整理人类历史精神文化，使之能代代相传、相互影响、共同发展，并在传播的过程中，积极地创造新的富有生命力的优秀文化。例如，体育传播者应承担起传承人类体育精神和奥林匹克精神文化的责任。

5) 协调责任。大众传媒和传播者应当通过必要的宣传来协调沟通社会各利益方的关系，使各团体、各组织、各阶层能步调一致，要通过适当的“劝导性”传播缓和各方矛盾，尽最大努力为公众利益服务。

(二) 传播模式

1. 模式

在对传播模式进行探讨前，有必要先回答什么是“模式”、为何使用它、模式有什么作用等问题。

所谓模式，“是对某一事项或实体进行的一种直观的简洁的描述”。模式的作用是为清晰阐明某理论而提供直观、明了、简洁的辅助工具。模式的类型包括文字模式、图像模式和数字模式。

2．优秀的传播模式

在人类传播史上，世界各国的学者提出了许许多多的传播模式，从内容上看，有的简洁，有的繁杂；从类型上看，有图像模式，也有数学模式。在众多的传播模式当中，按照卡尔·多伊奇在《政府的神经：政治传播与控制的模式》中关于优秀模式的五种功能标准(构造功能、解程功能、引导功能、简化功能、预示功能)，在此着重介绍三种传播模式。

(1) 拉斯韦尔的单向传播模式。

美国传播学者拉斯韦尔在1948年撰写的文章《社会传播的结构与功能》中提出了著名的5W学说，即谁(who)—说什么(says what)—通过什么渠道(in what channel)—对谁(to whom)—取得了什么效果(with effects)。这一模式是后来传播学五大分支研究理论的雏形，即控制分析或传播者分析(谁)、内容分析(说什么)、媒介分析(通过什么渠道)、受众分析(对谁)、效果分析(取得什么效果)。5W模式如图1-1所示。

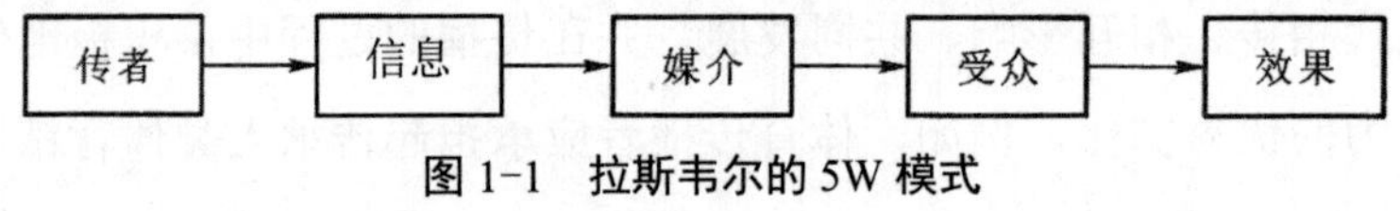

图1-1　拉斯韦尔的5W模式

拉斯韦尔的5W模式的优点是第一次对传播的整个过程进行了详细、科学的分析，全面概括了传播过程的环节和要素，并相对准确地体现了大众传播媒介，尤其是电视媒介单向性的特点，将复杂的人类传播简单化。其不足之处在于忽略了受众在传播过程中的积极反馈作用，影响了其后传播学界对于受众反馈及传播的互动性、双向性的研究。这一模式也是后来布雷多克7W模式(在5W基础上增加了where(地点)、why(原因))的“祖先”。

(2) 香农和韦弗的数学模式。

1949年，香农和韦弗在《通信的数学原理》一书中，提出了一个纯技术性的应用于自然学科领域的“数学模式”(见图 1-2)，该模式之所以备受传播学界关注，是因为人们在其中发现了社会传播的规律和特点。

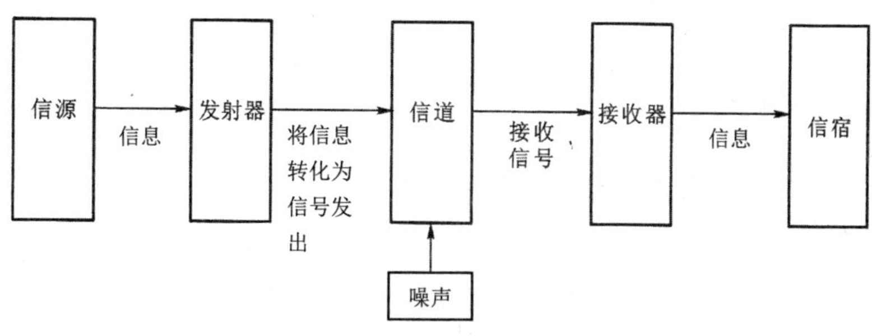

图 1-2　香农和韦弗的数学模式

从图 1-2 可以看出，香农和韦弗的“数学模式”比拉斯韦尔的 5W 模式更为细致(增添了噪声源，并注意到了接收器在传播过程中过滤加工信源发出的信息后二次传播的特点)。其不足之处在于机械化的表述较难应用于人类传播，并且没有能从根本上克服“线性”模式的通病——忽视反馈和社会过程对传播过程的制约。

(3) 奥斯古德-施拉姆循环模式。

1954 年，奥斯古德和施拉姆在继承香农和韦弗“数学模式”精华的基础上，提出了双向性的循环模式(见图 1-3)。

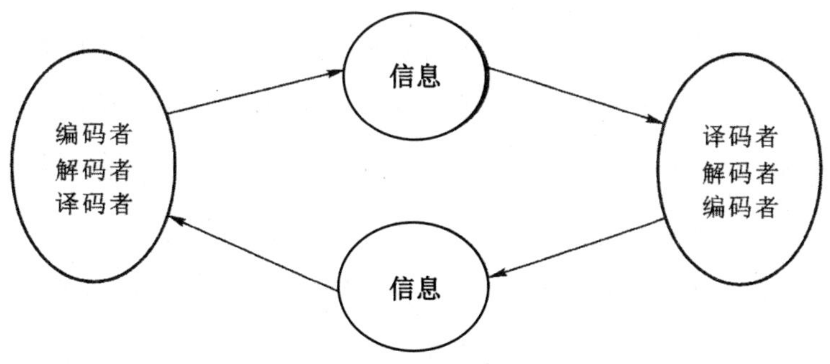

图 1-3　奥斯古德-施拉姆循环模式

循环模式的优点是有效而形象地表明了传者和受众在编码、解码、译码以及传受信息的过程中，是如何相互影响、相互作用的，并且指出了信息传播的过程同时也是往复循环的、持续不断的反馈过程。难能可贵的是，它发现并克服了“线性模式”的缺陷，表现了传播的双向性、互动性特点。其不足之处在于“免不了具有一种理想化、简单化的倾向，对人类传播，其中特别是对以报纸、广播、电视等媒介为主的大众传播构成要素的众多性和复杂性反映不够，不能用来分析和解释人类的全部传播现象”。

(三) 传播内容

在对传播内容的研究方面，许多传播学者都将之概括为“讯息”或“信息”。信息具体包括哪些内容？涵盖哪些范畴？对该问题做出合理回答，不仅对于传播理论研究来说意义重大，而且会在传播实践中丰富大众传播的内容和形态。

“信息”概念的提出是信息科学对传播学的贡献。信息科学认为，人与人之间的社会互动行为的介质不单是意义，也不单单是符号，而是作为意义和符号、精神内容和物质载体的统一体的信息。那么，何为信息呢？“信息是物质的普遍属性，是一种客观存在的物质运动形式。信息既不是物质，也不是能量，它是在物质运动过程中，以质能波动的形式所呈现的结构、状态和历史。”简言之，信息即一切消息、信号和知识的总称。根据信息系统和作用机制的不同，学者将信息分为物理信息、生物信息和社会信息三大类。传播中的信息是社会信息。根据信息内容的形态，不妨将信息划分为实用性信息和思想性信息。

1. 实用性信息

在现代大众传播实践中，媒介传播的内容既有实用性信息(体育比赛的过程及结果、体育知识的介绍、天气预报、关于衣食住行方面的服务性信息等)，又有思想和观念性信息(如体育精神的传播，公平、和平、团结、友谊等竞赛理念的传播，科学民主思想的传播，等等)。在工业文明高度发达的现代社会中，传播尤其是大众传播日益实用化、服务化。在这种背景下，实用性信息无疑成为传播的主要内容之一。

在实用性信息中，又可根据信息性质，将其分为知识性信息和非知识性信息。所谓知识性信息，即传播当中所有与知识(knowledge)相关的信息，如历史知识、文学知识、体育知识等。非知识性信息指的是传播过程中知识性质不明显的信息(information)，如饮食指南、天气预报、娱乐信息等。

由于实用性信息占传播内容的绝大部分，因此实用性信息的传播效果决定着大众传媒的公信力和可信度。实用性信息的传播要求是准确、真实和实用。在当今的大众传播活动中，一些媒体由于传播者和“把关人”主观原因造成的“信息失实”现象比较普遍，应引起传播学者和新闻管理部门的充分注意。

2．思想性信息

相对于大量的实用性信息，思想性信息在大众传播中的数量相对较少，但这并不意味着思想性信息不重要。相反，在大量娱乐性信息等非知识性实用信息充斥媒介的情况下，思想性信息的质量和数量在很大程度上决定着媒介的影响力和层次。因而，传播者在从事传播活动中，一定要注意传播内容的思想性。对于传播内容中的思想性信息，传播要求是健康、向上、能最大限度地满足受众高尚的精神生活需求。

自 1949 年香农创立信息论以来，人类社会的信息技术和信息科学以前所未有的速度飞速发展。受众从未像现在这样处于信息的包围中，这应该是一个好现象，人们可以充分享受信息社会的便利。但是，也应该认识到传播和信息社会带给人类的危害。这些危害包括信息污染、虚假信息、信息泛滥(如“非典”期间，全球对其报道便有泛滥的迹象，这在很大程度上造成了受众极大的心理恐慌)、信息侵略、有用信息匮乏、信息犯罪等问题。如何保证信息传播数量上的合理性、内容上的健康性等，是传播工作者和信息工作者共同面临的课题。

(四) 传播符号

从以上对传播内容的分析可以得知，传播的过程即信息的流动、循环过程。“信息像空气一样，无处不在，无时不有，却又看不见、摸不着。”人们要想充分地接受、理解信息，就必须借助于传播符号。

在传播学中，符号具有极为广泛的含义。人类需要通过符号来传递信息，但符号不是人类社会独有的现象。在自然界，符号现象极为普遍，如在动物界，蜜蜂的“8”字飞行，便是一种动作图形符号；一些兽类动物通过分泌物来实现群内预警，防范来敌。大约在 400 万年前，人类的祖先古猿便有了呼叫机能或发声系统，并会运用身体符号交流信息。在使用文字和语言之前，人类更多地以非语言符号来传递、交流信息，如古人常用的“结绳记事”。那么究竟什么是符号呢？简言之，符号就是传递信息、指示和称谓事物及其关系的代码，是传播活动中的重要载体。

在传播活动中，符号现象丰富多彩，符号形式多种多样。为了对复杂多样的符号系统进行梳理，符号学学者提出了多种分类方法，如美国符号学的创始人皮尔士曾把符号分为10大类66种，索绪尔认为符号分为语言符号和文字、聋哑人的字母、象征仪式、礼节形式、军用信号、习惯等非语言符号。郭庆光在《传播学教程》中将符号分为信号和象征符两大类。在所有的分类学说当中，最具影响力的还是“语言符号和非语言符号”的两大类分法。

1．语言符号

在人类传播的整个符号系统中，语言处于传播的核心地位。苏联心理学家巴甫洛夫曾说，“没有东西可以比语言更能使我们成为人类”。它是人类特有的高级传播符号系统。“从猿到人的转变，同时也就意味着从动物传播到人类传播的转变。从传播学的角度来讲，语言的产生，是完成从动物传播到人类传播之后大飞跃的根本标志。”

据菲利普·列伯曼等考古学家和人类学家推断，人类的语言大约产生于10万年前，至于语言诞生于什么环境下，说法各异，典型的有“汪汪派”“哼吆派”“唱歌派”等。马克思主义的唯物史观告诉我们，在这些流派当中有一点是共同的，那就是语言起源于劳动，劳动创造了人类的语言。

在语言产生之前，人类的祖先经历了漫长的原始传播时代，传播史学者称其为前语言传播时代。语言产生以后，人类传播开始有了自己独特的符号系统，彻底与“动物传播”分离开来。

作为高级复杂的符号系统，语言用约定俗成的语音和语义来标记事物和思想，使之得以传播。在语言的发展过程中，有两次符号化的过程。第一次是产生语音，第二次是记录语音，形成文字。“完整的成熟的语言符号应该是音、形、义的有机结合，它既包括听觉物质化——语音形式、视觉物质化——文字形式，也包括符号信息化——语义内容。”

(1) 语言符号的特性。

对语言意义的研究，从 20 世纪 30 年代开始成为一门独立的学科——普通语义学。普通语义学家在考察了语言符号与其指涉对象——事物的实际意义的关系后，概括出了人类语言的一些特点。

1) 静止性。相对于不断变化的周围世界和事物，表述这些事物的语言在一定时期内是静止的。语言只能表述较长时间段中的事物，而不能描述事物的渐变过程。

2) 有限性。在错综复杂的世界当中，表述意义的语言是十分有限的。汉字和英语，都只有几十万个字词，常用汉字只有 5 000~8 000 个，常用单词不超过 1 万个。

3) 概括性。语言对事物特征的表述，只能指代事物在某一阶段、某些方面的特征，这种表述只是一种概括。例如，“王杰”指代一位男青年，但对于这个不断成长的个体，语言无法准确表述出其一点点的变化，只能说“少年王杰”“青年王杰”“中年王杰”“老年王杰”等。

4) 创造性。人类在使用语言的过程中不断创造出新词语、新概念、新含义和新的表达方法，并且不断地创造文字来记录事物和思想。如在现代汉语里，某些字词具有明显的时代特征，如“洋火”“邮差”“洋布”等。随着社会的发展，这些词逐渐被更新的字词取代。在现代信息社会，“酷”“下课”(由四川方言演化为常用词汇)等词不断地被创造出来，表述人类一种新的发展现象或感觉。

(2) 语言符号的运用要求。

既然语言是人类传播中重要的符号系统，是以传播思想和感情为目的的人的活动，那么，规范、合理地运用语言，便成为人类传播活动顺畅的基本条件。运用语言时，我们要遵循哪些要求，才能取得较好的传播效果呢？笔者认为以下几点需要传播者注意。

1) 清晰。在语言的运用上，要清晰明了，使受众在接受信息的过程中不产生阻碍，主要表现在发音准确、吐字清楚。

2) 准确。传播者所用的字词或所写的文字要准确地将想表达的事物、思想或感觉传递出来，不使受众产生误解。对传播者而言，也就是不能误用语言符号，要捍卫本民族语言文字的纯洁性。

3) 生动。传播者在运用语言符号时，要注意语言的生动性和文字的可读性。尤其在当今生活节奏较快的时代背景下，语言文字本身的魅力成为影响传播效果的重要因素。

4) 概括。传播者在使用语言文字时，要有高度的概括性，做到“言简意赅”，要注意语言文字传达的信息量和“熵值”(有用的确定的信息)。

2．非语言符号

美国口语传播学者雷蒙德·罗斯认为，在人际传播活动中，人们所得到的信息总量中，有35%是由语言符号传播的，其余65%的信息需要借助非语言符号传达，其中仅仅面部表情即可传递65%中的55%的信息。那么，除了面部表情外，人类的传播活动当中还有哪些非语言符号呢？

传播学者达肯将非语言符号分为六种形式：①身体动作或运动行为，诸如手势、姿势、面部表情和眼睛活动等；②类语言，即音乐、语调、音量、音速和其他功能性发声；③环境空间，即个人和社会对空间的利用以及人们对这种利用的感知；④嗅觉，经由嗅觉渠道传递的信号；⑤触觉；⑥衣服和化妆品等人工制品的利用。

除了达肯的分类外，还有许多学者提出了不同的分类方法。卢斯契和基斯将非语言传播方式分为三类：标记语言、行动语言、物体语言。在对这些分类方法进行综合分析后，笔者认为邵培仁在《传播学》中的分类法比较科学，他将非语言符号分为以下五种。

(1) 外貌和衣着。

人的不同外貌和衣着所传递的信息不同，只有恰当的外貌和衣着打扮，才有助于信息有效而准确地传播。不恰当的外貌和衣着打扮，会直接影响信息的沟通，使受众产生误解或反感。如在2003年关于“非典”事件报道中，国内一些电视台主持人和记者穿红颜色的衣服、化浓妆等，即是不恰当的外貌与衣着。因为在中国传统文化中，“红色”代表喜庆，而浓妆显得不够庄重、高雅。

(2) 表情和眼神。

俗话说，“眼睛是心灵的窗户”。在传播过程中，眼睛传递的信息是最为准确的。所以在人际传播和组织传播中，眼睛成为“识人”的最重要的非语言符号。相对于眼神，丰富的面部表情同样重要。传播学者梅拉宾认为，面部表情在传播活动中最具信息冲击力，并远远超过声音和言辞。为了说明问题，他设计了一个公式：信息冲击力=0.07×言辞+0.38×声音+0.55×面部表情。“人们使用和操纵面部表情的原因不外乎四种：强化真实情绪，减少真实情绪，中和真实情绪，掩饰真实情绪。”

(3) 姿态动作。

在各类传播活动中，任何一种姿态动作都是人类思想活动和身体状况的外在表现。这些手势具有对思想活动的“加码”和“译码”功能。如“不停搓手”表示紧张焦急，“双手交叉于胸前”表示拒绝，等等。所以，合理的姿态动作是影响传播效果的重要非语言符号。

(4) 触摸行为。

在人类传播过程中，触摸行为一般行使礼貌、友爱、情爱等功能，如日常生活中“握手”“拥抱”、欧洲人的“面颊吻”等。除此之外，触摸还可以传递安全信息，使被触摸者感到温暖、慰藉，如拥抱生病的亲人等。

(5) 空间和距离。

实践证明，一定的空间和距离在传播活动中有着明确的指代意义，如情侣间的空间距离与同事间的空间距离有着明显的差别。人们和他们所喜欢的人交谈要比和他们不喜欢的人交谈靠得近。在交谈时，两个女人要比两个男人靠得近。

(五) 受众

所谓受众，指的是在传播活动中信息的接受者或受传者，其范围既包括大众传播活动中的对象，也包括人际传播和组织传播中的对象，既可以是个人，也可以是组织或群体。在传播学的发展历史当中，学者的研究一度以“传者中心论”为重点，对受众展开的研究相对少而滞后。但随着媒介“产业属性”的增强，媒介之间竞争的加剧，传播学研究开始从“传者中心论”逐渐向“受众中心论”转移，这一转变极大地丰富了传播学的研究内容，对传播的效果研究产生了积极的影响，使传播实践活动中“自己办、自己看”的消极状况大大改观。

1. 受众的身份特征

作为传播过程的两极中的一极，受众在传播活动中扮演着极其重要的角色。传播者发出的信息，只有最终被受众接受，传播过程才算完成。

在传播学的早期阶段，传播者将受众比作一击即倒的“靶子”，没有思想和判断力的“婴儿”。在媒介市场化时期，传播者又将受众比作是决定自身命运的“上帝”。可见，受众在不同的传播者眼中和不同的传播学研究时期，具有不同的“身份”标签。厘清受众的身份特征，对于传播者正确把握受众心理、优化传播效果很有必要。国内的一些传播学者认为受众的身份特征分为以下 4 种。

(1) 信息产品的消费者。

这种属性在人际传播中表现得不明显，而在商业性的组织传播和具有一定“产业”属性的大众传播中表现得尤为明显。在这类传播中，受众不仅要花钱购买报刊、书籍、CD，还要另外付钱给大多数用广告推销的商品。受众的这一身份特征是受众研究理论中“满足需要论”的基础。

(2) 信息内容的“二次传播者”。

传播的研究与实践表明，受众在传播活动中并不只是消极的接受者，其中绝大多数要对收到的“初级信息”再加工，使它带上自己的某些观点，然后将其传播出去。这种现象在各种类型的传播中都广泛存在。而受众在对“初级信息”的加工中，所处的组织和群体意见会对其产生很大影响。

(3) 传播活动的积极参与者。

在传播过程中，受众既具体地参与读、听、看的接受活动，也具体地参加、介入传播信息，充当“传者”或“二次传者”的角色。“正因为有了受众对编码、传播过程的先期介入，对信息产品的现时选择、主动参与、积极理解，具体的信息产品才不至于只是一串串语言符号，而变成了真正完全意义上的精神食粮。”

(4) 传播效果的反馈者。

传播的循环模式告诉我们：信息的传播是一种双向交流的过程。传播者或大众传播媒介如果不能及时获知受众对传播者的意见和建议，就会产生“无的放矢”的传播局面，极大削弱传播的有效性。在面对面的人际传播中，传播者和受众的角色最为模糊，受众的反馈也最为积极和准确；而在“单向性”明显的大众传播中，受众的反馈较为消极和被动，难于收集。所以，如何准确、全面地了解受众的反馈意见，成为制约大众传播效果的重要因素。

2. 大众传播受众的特点

对受众的特点进行详细的研究和把握，有助于传播者进行“针对性”传播。一些传播学者通过对大众传播的特点进行分析，将大众传播媒介的受众特点归纳如下。

(1) 众多。

在“单向性”特征明显的大众传播中，受众极其众多和广大，也难于把握。

(2) 混杂。

大众传播的受众，其社会和自然属性千差万别，社会背景各有不同。

(3) 分散。

大众传播的受众在时间和空间上的分布都是分散而非集中的。

(4) 流动。

从受众心理和所处的地理位置来看，大众传播的受众始终处于一种非固定的流动状态，行踪不定、互不相识。

(5) 隐匿。

每一位受众对传播者而言，都是隐匿的，他(她)不会主动地将自己的想法告诉传者，传播者很难得知他们的真实意见。

通过对大众传播的受众特征进行分析，可以得知，由于受众具备上述特征，科学、严谨的受众调查方法对于大众传播效果至关重要。大众传播者在传播前，要最大限度克服受众特征带来的不利影响，以获取准确的反馈意见。

3. 受众的心理特征

传播学理论研究中的受众理论研究最初展开于受众的心理结构差异研究。总体而言，受众心理表现在以下几方面。

(1) 好奇心理。

受众在潜意识当中总是喜欢接受新奇的、反常的信息。这种新奇、反常的信息既包括内容，也包括表现的方式。

(2) 崇拜心理。

在传播当中，那些有相当权威和号召力的传播者，其传播的知识、思想、观念等容易被受众接受，并深深影响受众。对于权威性和号召力较强的传播者，受众容易减弱或丧失判断力而产生崇拜心理。

(3) 求知心理。

受众为了生存和发展，普遍存在一种积极寻求信息、渴求知识的心理现象，而且这种求知心理并不限于对简单的初级信息的了解，而是向“为什么”“怎么样”的纵深方向发展。

(4) 接近心理。

在传播实践当中，凡是同目标受众有共同的爱好、共同的价值观，在许多方面相同或相似的传播者，容易使受众产生“自己人”的心理效应，而易接受其传播。邵培仁在《传播学》中将这种相同或相似概括为立场相同、背景相同、个性相投、观点一致、利益一致。当下电视节目主持人的“亲和力”理论，便是对受众接近心理的重视。

(5) 从众心理。

研究表明，受众所处的环境、社会团体和组织的观点、意见极易对受众产生影响，决定其接受传播的态度，希望被群体或组织接纳的心理状态使个体的行为、观点尽量与大多数人保持一致。而这种趋同的意见往往是通过团体中的权威和有影响力的人表达出来，有时会表现为“盲从心理”。

(6) 逆反心理。

当受众的观点、意见和需求与传播者有极大差别，传播不为受众所喜欢时，受众会产生一定的逆反心理。如说教味过浓的传播很难被受众接受，即受众逆反心理的表现。

4．受众研究理论

几乎在对传播学，尤其是大众传播展开研究的同时，传播学者便展开了对受众的研究。自 20 世纪 40 年代开始，受众研究取得了丰硕的成果，诞生了许多理论。其中的经典性受众理论为美国学者德弗勒于1975年在《大众传播理论》中提出的“个人差异论、社会类型论、社会关系论和文化规范论”。

(1) 个人差异论。

该理论由卡尔·霍夫兰首先提出，德弗勒在1970年进行了修正。该理论认为，不存在相同的传播对象。由于每个社会个体的社会经历、社会环境和文化背景不同，受众的兴趣、爱好、性格、心理等各不相同，因此，大众传播者在传播前，需要了解不同受众的兴趣、爱好、性格、心理，进行针对性的传播，否则，大众传播就会遭到拒绝。

(2) 社会类型论。

该理论由约翰·赖利和马蒂尔达·怀特·赖利于1959年提出。该理论认为，尽管每个受众的个性特点千差万别，但由于职业、地区、爱好、信仰、民族等的相同和相似点，形成了不同的社会类型。处在同一社会类型中的受众对同一次传播会产生相同或相似的反应。因此，大众传播者和大众传媒在传播前，应当对不同的社会类型的特征、宗旨、观念等进行研究，提高大众传播的效果。

(3) 社会关系论。

该理论来自于拉扎斯菲尔德、贝雷尔森、卡森等人的研究成果。该理论认为，每一位受众都处于有不同纲领、宗旨和行为方式的社会团体和社会组织中，而受众所处的社会团体和社会组织的意见、压力、合力对其接受传播的行为、效果会产生很大影响，无论受众处于哪一种生活圈，都将受到直接或间接的约束。社会关系论告诫大众媒介在传播时要充分考虑到受众所在的社会团体和社会组织对信息的过滤。

(4) 文化规范论。

该理论由德弗勒于1966年提出。文化规范论认为，大众传播媒介之所以能间接地影响人们的行为，是因为它发出的信息能形成一种道德的文化规范力量；人们不知不觉地依据媒介逐步提供的“参考架构”来解释社会现象与事实，表明自己的观点和主张。媒介的这种影响不是突发的，而是在日积月累、潜移默化的过程中，缓慢地渗透受众者的思想与行为中去的。

除了德弗勒的四种理论，有必要了解的还有“受众介入论”和“使用与满足理论”。

(1) 受众介入论。

受众介入论由美国学者巴伦首先提出。该理论认为大众传播媒介应是公众的讲坛，而不是少数人的传声筒；受众既是信息的接受者，又是信息的传播者；大众传播媒介要积极地吸引、调动受众进行传播，以便更好地使他们接受传播，行使表达权、反论权。

(2) 使用与满足理论。

使用与满足理论兴起于 20 世纪 40 年代的一种受众研究理论。该理论认为，面对大众传播，受众并不是被动的，而是主动地选择自己所需要的传播内容。因此，不是传播媒介在使用人，而是人在利用传播媒介。使用与满足理论要求大众传播者和媒介充分注意到媒介的“产业属性”和传播内容的“商品属性”，但也为某些大众传媒一味迎合受众的低级趣味而不加引导提供了借口。

（六）传播反馈

传播与反馈是构成一次完整传播活动的双向行为，在具体的传播过程中，两者有机地融合在一起，是信息双向互动、往复循环的基础。所以，关于反馈问题的研究在传播学的受众及效果研究中占有极其重要的地位。

1. 反馈的概念

反馈，英文为 feedback，由美国传播学者罗伯纳·维纳首先提出。他给“反馈”下的定义为“送出去的电波或信息的回流”。看得出，这个定义具有较强的物理学和技术色彩，而作为社会性的传播学的反馈指的是“受众回传给传播者的关于传播的意见或建议性信息”。

2. 反馈的作用

毋庸置疑，反馈对于传播的过程和结果具有重要的作用，具体来讲，表现在以下四方面。

(1) 帮助传播者检验传播的效果。

(2) 受众的合理的反馈意见有助于传播者总结经验、吸取教训，改进和完善传播的内容和形式。

(3) 受众积极的反馈能减少或消除传播者与受众之间的传播阻碍，使人类的传播活动更为合理。

(4) 反馈有利于提高传播的社会效益，激发传播者的传播热情。

3．不同类型传播中的反馈

在内向传播、人际传播、组织传播和大众传播四大类传播中，反馈的形式、特点各不相同。为了能够准确、全面地了解反馈意见，优化传播效果，有必要对不同类型传播中的反馈进行分析。由于内向传播是“主我”与“客我”的对话，在传播中又因个人的性格不同而千差万别，故不做讨论。

(1) 人际传播中的反馈。

在人际传播中，传播者与受众是一种面对面的信息交流与沟通，传、受双方可以闻言睹行、察言观色，所以这类传播中的反馈最为直接、集中、及时和方便。在人际传播中，传者与受众的角色比较模糊。

(2) 组织传播中的反馈。

从受众的规模、数量以及传播的形式来看，组织传播处于大众传播和人际传播中间，故这类传播中的反馈既不像人际传播中的反馈那样直接、集中、及时，也不似大众传播中的反馈那样模糊、间接、零散。但总体而言，还是比较直接、集中、方便。“教室里的反馈也有多种形式，迷惑不解的表情、厌倦的迹象都在告诉讲课人：需要讲清某个观点，或者该换个话题了。”

(3) 大众传播中的反馈。

在大众传播中，由于传播者人数众多，受众面广量大，又具备混杂、分散、流动、隐匿等特点，因此大众传播中受众的信息反馈在及时、方便、全面、直接等方面既不如组织传播，也不如人际传播。大众传播中的信息反馈呈现出一种间接性、滞后性、零散性、片面性等。所以，如何科学准确地搜集、统计受众的反馈信息，是大众传播者和传播媒介面临的难题。

第二节　体育与传播

一、体育

(一) 体育的由来

体育一词虽然被译作 Physical Education、Sport、Sports，但是体育一词却不是译自于英文，而是来自于日文，是直接借用日文中的“体育”一词。不过，日本在 Physical Education 一词的翻译上并不是一步到位译作“体育”的，而是经历了从译作“身体(之)教育”“体教”“身教”到译作“体育”的日本国文化过程，这一过程是在 19 世纪 70 年代完成的。

体育虽然有悠久的历史，但是“体育”一词却出现得较晚。因为在“体育”一词出现前，世界各国对体育这一活动过程的称谓都不相同。

在古希腊，游戏、角力、体操等曾被列为教育内容。在 17—18 世纪，西方的教育中也加进了打猎、游泳、爬山、赛跑、跳跃等活动，只是尚无统一的名称。18 世纪末，德国的古茨穆茨曾把这些活动分类、综合，统称为“体操”。进入 19 世纪，一方面，德国形成了新的体操体系，并广泛传播于欧美各国；另一方面，多种新的运动项目相继出现。在学校也逐渐开展了超出原来体操范围的更多的运动项目，建立起“体育是以身体活动为手段的教育”这一新概念。于是，在相当长的一段时间里，“体操”和“体育”两个词并存，相互混用，比较混乱，直到 20 世纪初才逐渐在世界范围内统一称为“体育”。

中国体育历史悠久，但“体育”却是一个外来词。它最早见于 20 世纪初的清末，当时，我国有大批留学生东渡去日本求学，仅 1901—1906 年，就有 13 000 多人。其中，学体育的就有很多。回国后，他们将“体育”一词引入中国。

在中国，“体育”这个词最早见于 1904 年，在《湖北幼稚园开办章程》中提到对幼儿进行全面教育时说：“保全身体之健旺，体育发达基地。”在 1905 年《湖南蒙养院教课说略》上也提到：“体育功夫，体操发达其表，乐歌发达其里。”

在中国，最早创办的体育团体是 1906 年上海的“沪西士商体育会”。1907 年我国著名女革命家秋瑾在绍兴也创办了体育会。同年，清皇朝学部的奏折中也开始有“体育”这个词。辛亥革命以后，“体育”一词就逐渐使用起来。

1762 年，卢梭的《爱弥尔》一书在法国出版。他使用“体育”一词来描述对爱弥尔进行身体的养护、培养和训练等身体教育过程。这本书激烈地批判了当时的教会教育，引起很大反响，“体育”一词也由此在世界各国流传开来。从这里我们可以清楚地看到，“体育”一词最初起源于“教育”一词，它最早的含义是指教育体系中的一个专门领域。到 19 世纪，世界上教育发达国家都普遍使用了“体育”一词。而我国由于闭关自守，直到 19 世纪中叶，德国和瑞典的体操传入中国，随后清政府在兴办的“洋学堂”中设置了“体操课”。1902 年左右，一些在日本留学的学生从日本传来了“体育”这一术语。随着西方文化不断涌入我国，学校体育的内容也从单一的体操向多元化发展，课堂上出现了篮球、田径、足球等教学项目。许多有识之士提出不能把学校体育课称体操课了，必须厘清概念。1923 年，在《中小学课程纲要(草案)》中，正式把“体操科”改为“体育科”。从此，“体育”一词成了标记学校中身体教育的专门术语。

“体育”一词在含义上也有一个演化过程。它刚传入我国时，是指身体的教育，作为教育的一部分出现，是一种与维持和发展身体的各种活动有关联的一种教育过程，与国际上理解的“体育”(Physical Education)是一致的。随着社会的进步和体育事业的不断发展，其目的和内容都大大超出了原来“体育”的范畴，体育的概念也出现了“广义”与“狭义”之分。当用于广义时，一般是指体育运动，其中包括体育教育、竞技运动和身体锻炼三方面；用于狭义时，一般是指体育教育。不少学者对“体育”的概念提出了一些解释，但比较趋于一致的解释为：“体育是以身体活动为媒介，以谋求个体身心健康、全面发展为直接目的，并以培养完善的社会公民为终极目标的一种社会文化现象或教育过程。”体育的这一定义既说明了它的本质属性，又指出了它的归属范畴，同时也把体育从与它邻近或相似的社会现象中区别出来。但是，体育的概念并非是一成不变的，随着社会的发展和进步，对体育的认识也将有所发展。

文物和建筑等历史证据表明，中国早在公元前2000年左右便已开始进行体育运动。体操在中国古代时期是十分流行的项目。为法老修筑的纪念碑可以看出，包括游泳、垂钓等体育运动已经在几千年前的古埃及发展起来并建立了体育规则。在埃及开展的其他体育项目还包括投掷标枪、跳高和摔跤。古代波斯的体育运动包括传统伊朗武术项目英雄体育，它同打仗技巧有着密切联系。同样起源于古代波斯的运动项目还包括马球和马上长矛比武。

有大量的体育运动项目自古希腊时期已产生，古希腊时期的军事文化和体育运动的发展相互影响。体育对于古希腊人影响深刻的一个突出表现就是他们创立了奥林匹克运动会，每隔四年在伯罗奔尼撒一个叫作奥林匹亚的小村庄举行。

体育运动自古代奥运会时期发展至今，其组织性和相关规则不断得到加强。工业化使得在发达及发展中国家的居民有了更多的闲暇，这让他们可以参加并观看具有观赏性的体育运动，体育运动参与人数增加，传播更为普遍。随着大众媒体和全球联系的加强，这一趋势更加明显。体育运动专业化成为主流，体育运动更加流行，体育迷们通过广播、电视、互联网追逐职业运动员，同时他们自己也参与业余的体育运动，从中得到锻炼和娱乐。

(二) 体育的主要形态

1. 竞技体育

竞技体育作为一种复杂、多元化的人类特殊的活动过程，必定具有鲜明的特点。对于其特点的表述，古今中外众说纷纭，从其本质和表现形式来探究，则可归纳为以下几点。

(1) 拼搏的精神。

竞技体育运动不仅追求勇于拼搏、超越自我的体育精神，也追求既定的功利目标。比赛一结束，组委会就会根据成绩向优胜者颁发代表荣誉的奖章、锦旗和奖杯等，随之而来的是各机构给予的物质奖励和社会各界的广泛赞誉。这些做法是在爱国主义的前提下，对辛勤训练的教练员和运动员的肯定和奖励。

由于竞技体育的过程直接而迅速，产生的结果会很快给参与者带来巨大的影响，这种影响往往能够满足运动员或参赛团队强烈的成就感，而且丰盛的物质奖励也会给其极大的满足。这也会刺激运动员刻苦训练去争取更好的成绩，所以不可否认，竞技体育功利性的特点在一定程度上会促进竞技体育的发展。但不可本末倒置，将追求竞技体育的功利性作为唯一或者首要的目标。

(2) 高度的认同。

竞技体育的组织方式和内容得到了社会的认可。虽然参与运动竞争的人们来自不同国家、不同种族，也有着不同的历史文化背景，但竞技体育的内容和组织形式始终来源于人们的生活，能够对人们产生不同的价值效应，所以竞技体育的组织方式和内容能够被人们接受，被社会认同。

竞技体育比赛过程中产生的竞赛结果被社会乃至全世界承认。竞技比赛是在公正公开的条件下进行的，参赛运动员主动自愿地接受竞赛规则，所以竞赛的结果具有准确性和公平性，也被大众接受并认可，如各种级别的大小运动会、锦标赛、精英赛以及公开赛等所产生的竞赛成绩会得到社会各界的广泛承认。

(3) 严明的规则。

人们在社会生活中通过各种社会规范来调整和制约相互之间的关系和行为，这也成为控制和调节正常有序的社会生活的有效手段和方式。竞技比赛中也利用既定的体育规则来制约和调节参赛者的行为，如体育竞赛中不同级别的比赛有不同的规则，这些规则保障了参与竞争者有同等的资格、权利和机会。

竞赛规则明确规定了比赛结果的胜负标准和原则：哪些是被允许的行为、哪些是被禁止的行为，以及一旦违反规则将会受到怎样的惩处等。参赛运动员必须遵守竞赛规则。

只有参赛运动员都认真遵守并执行比赛的规则，比赛才会在一个公正公平的环境中进行，竞赛结果才会为大众所接受和信服，竞技体育才会对社会的发展起到积极的促进作用。

(4) 激烈的竞争。

无论在自然界还是人类社会，竞争总是不可避免的进化手段。自然界中生物在顺应大自然的变化之中不断地改变、进化。优胜劣汰，无法适应环境的则从此会在地球上消失。从远古时代到现代社会，从原始野蛮的打斗拼杀到文明时代的残酷战争再到现代社会的明争暗斗，人类无时无刻不处在激烈的竞争当中。

社会中的竞争是指人或各种团体，为了追求利益或目标而进行的一种较量。竞技体育中的竞争同样是为了争取某个目标。例如，比赛中的冠军打破运动记录、战胜对手等。竞技体育中竞争的获胜者只能是一人或是一个团体，正是这种强烈的排他性使得竞技体育的竞争性尤为突出和鲜明。

为了唯一的优胜结果，参与竞争者将会更加积极刻苦努力地训练，不断提高自己的身体素质、运动技能和心理健康水平等。竞争性的不断加剧有助于人类竞技运动水平的不断提高。

2. 群众体育

群众体育的特点可归纳如下。

(1) 多样的形式。

群众体育按地缘分，有民间体育、民族体育；按目的分，有健身体育、娱乐体育、健美体育、保健体育；按参加人群分，有婴儿体育、老年体育、妇女体育、残疾人体育；按组织方式分，有职工体育、社区体育、农民体育、家庭体育。

群众体育的组织形式具有极大的灵活性。既可以个体为单位，亦可以群体为单位；既可由社会集团组织，亦可由参与者单个或几个人自由组合。没有统一的规定和模式，完全是因人、因时、因地而异。

群众体育活动的内容十分丰富，参加锻炼的社会成员可以根据自己的具体情况“各取所需”，随意选择运动项目。随着时代的发展，除了传统的篮球、足球等体育项目外，现代一些年轻人还进行攀岩、轮滑等新兴项目，在业余时间做“背包族”或“驴友”，极大地扩展了群众体育内容的外延。

(2) 组织的业余。

群众体育以业余自愿为原则，公民可以按自己的意愿参加，不具有任何强制性。与其他的体育形式相比，在其过程、内容、手段等方面，群众体育都有独立的形态和功能。

群众体育活动一般都是在业余时间进行的，参加群众体育活动的人并不是以提高体育技术或者是获得较好的体育比赛成绩为目的，他们在业余的时间进行身体锻炼和一些特定的娱乐活动，是为了保持身体的健康，从而更好地完成本职工作和。体育活动对于这些人来说，不仅是闲暇时的活动，也是业余文化生活的重要组成部分。

(3) 民族的特色。

我国群众体育的形成，是人们将先前的活动方式总结并记录下来，并经过大众的进一步整理、学习和改编，所形成的较为系统的群众体育锻炼方法。例如，古代的太极、八段锦、易筋经，孔子的“六艺”，马王堆汉墓出土的“导引图”，华佗的“五禽戏”，以及宫廷和市巷间出现的“蹴鞠”等。

还有许多具有鲜明民族特征的优秀项目流传至今，依然深受广大民众的喜爱，如正月初一高山族的竿子比赛、水族的赛马、阿昌族的荡秋千，正月初二黎族的射箭比赛，正月初五羌族的射击比武，正月十五毛南族的踩风车，等等。还有我国农历新年的龙灯狮舞、五月端阳的龙舟、九月重阳的登山。我国幅员辽阔，民族众多，不同的地域和民族更是有其独特的体育项目。

(4) 广泛的对象。

群众体育以社会全体成员为对象，具有极大的广泛性。项目众多，形式多样。不同年龄、不同性别、不同爱好、不同职业和不同信仰的人都可以在其中找到自己的位置和乐趣。包括学龄前的幼儿和退休的老年人，从健康者到病患，都可以获得锻炼的机会。近年来，残疾人体育运动的普遍开展，也使得群众体育的对象更加全面化。

群众体育是贯穿于每个人一生的重要内容，群众体育对于每个人而言都是在有限的生命中耗时最多的一种体育参与方式。同时，群众体育的参与对象也是十分广泛的，任何人在任何地点随时都可以进行特殊形式的群众体育活动。

3．学校体育

我国学校体育在未来的发展中要面向社会，以身心和谐为前提，以终身体育为方向，以快乐体育为主体，进行健康教育，达到人的全面发展的目的。

(1) 内容娱乐化。

现代学校体育在国际体育发展趋势的带动下，不断吸收大量新兴体育元素，将世界流行的体育内容补充到传统的学校体育中来。过去的学校体育教给学生的一般都是传统的竞技体育项目，从小学一直到大学，内容几乎没有太大变化，这难免使学生产生厌烦情绪，也会影响学生的运动热情。近年来，许多学校进行了体育教学内容上的改革，根据体育潮流的发展，增添了不少适合学生开展并且有较强娱乐性的运动项目，如网球、轮滑、体育舞蹈等课程，都非常受学生的欢迎，教学效果也比较好。一些学校进一步扩展了学校体育的教学范围，开设了体育理论知识课，如奥林匹克运动、运动损伤防治、运动营养等课程，不但丰富了教学内容，还提高了学生体育文化素养。现代学校体育的教学手段也将更加科学化、多样化。

在体育教学中，感知、思维和实践 3 个重要环节会更加有机密切地结合在一起，师生之间的互动联系体现在合理有效的教学时间安排和科学适当的教学内容上。

(2) 管理制度化。

管理方法科学化程度的高低将直接影响整体效益。近年来，各国为提高学校体育的科学化管理水平，纷纷加强有关学校体育的立法工作，如美国的《初等和中等教育法》《高等教育法》、日本的《学校保健法》等。我国在试行了 8 年的《中小学学校体育暂行规定》后，继续颁布了《学校体育工作条例》《学校卫生工作条例》和《国家体育锻炼标准》(分大、中、小学三类)。

1994 年国务院颁布了《中华人民共和国教师法》，使我国教育工作者的权益得到有力保障，而 1995 年颁布的《中华人民共和国体育法》进一步完善了有关体育法制建设的章程。未来的学校体育管理将向着更加有序、高效的方向继续发展。

(3) 结构整体化。

学校体育一般由体育课、早操、课间锻炼(操)、业余锻炼、运动训练等几个部分组成。以前人们大多根据体育锻炼形式的不同而对其进行孤立的研究和改革，获得的仅是个体或部分的效益最优化，很难达到整体效益最大化。目前人们越来越关注学校体育的整体设计，强调各部分协调统一为一个有机整体，以取得学校体育的整体效益最大化。

终身体育思想的提出使学校体育教育不但注重阶段效益(近期效益)，而且更加注重远期效益。学校体育的阶段效益指学生在校期间经过全面科学的体育锻炼，拥有强健的体魄和充沛的精力，从而可以更好地完成学习任务。远期效益是指学生离开学校后，通过掌握的体育锻炼理论知识和体育运动技能能够根据主客观条件的变化而进行科学的身体锻炼，以获得终身的体育效益。学校体育在不断提高阶段效益的同时，必须重视远期效益，要将学校体育的阶段效益和远期效益有机结合，进一步促进学生身心协调、全面的发展和学生综合素质的提高。

(4) 目标多元化。

世界各国的学校体育都把提高学生身体素质、增强学生体质、保证学生的健康发展作为首要目标。随着社会的进步和时代的发展，学校体育的功能也得到越来越充分的开发，学校体育的目标也开始向多元化发展。

1) 学校体育的运动教育和能力的目标。未来学校体育的教育将更加注重和提高学生的个人运动素养。除了要求学生掌握一定的运动技能外，还要使学生掌握相应的体育文化知识、运动医学常识等，并且要求培养学生独立进行科学体育锻炼的能力，从而提高他们的体育欣赏水平，激发他们的体育参与热情。

2) 学校体育的德育和个体社会化目标。联合国教科文组织曾在《体育运动国际宪章》中指出：体育运动作为教育和文化的一个基本方面，必须培养个人与社会完全结合的成员所应具备的能力、意志力和自律能力。学校体育不但要增强体质，而且要培养心理品质。

在提高身体素质的同时还要注重学生的心理健康，通过体育锻炼培养学生优秀的道德情操，并且积极促进其个性的发展。同时通过适当的体育运动加快学生的社会化过程。

3) 学校体育的竞技运动目标。随着国际竞技体育运动的迅速发展，学校体育中的竞技化趋势也日渐明显。一些世界体育强国，如美国、德国等，都十分重视传统体育和奥运竞技项目在学校体育中的发展，中学、大学阶段就以竞技运动为基本教学内容，将大力发展竞技体育运动、培养优秀的竞技运动选手作为学校体育的一个重要目标。近年来，我国在大力发展大众健身的同时，也将提高运动水平、培养优秀体育人才作为学校体育的目标之一。

4) 学校体育的终身体育目标。终身体育，是指在体育教学中以培养学生终生从事体育活动的能力和习惯为主导的体育教育思想。终身体育是对学校体育教学效果的检验和延长，也是学校体育多元化目标发展的终极归宿。

随着社会的进步，体育运动在日常生活中的作用越来越重要，成为健康生活和丰富生活必不可少的一部分。终身体育的思想要求通过学校体育教学使学生养成自觉而积极的体育锻炼习惯，掌握科学锻炼身体的体育理论和方法，具备在不同环境和条件下都能够进行体育锻炼的能力。

二、体育传播

(一) 体育传播的产生与演进

1. 体育在劳动中产生与传播

研究体育传播起源问题需要从事实上获得研究对象在发生学意义上的起点和初始状态，这是探究体育传播起源问题的基本出发点。从人类进化的历史来看，由于早期人类的主要食物来源于树上的果实和动物的肉，这些食物必须借助人的身体活动才能得到。因此，采集野果、捕获动物就成为人类最主要的生产劳动。当人类使用工具的技巧和自身的体质与这些活动的成效及获取食物的多少密切相关时，采集、狩猎和捕鱼等就成为人类为了谋求生存而必须从事的活动，并逐步被纳入社会教育的内容中。当从事这些活动的教育逐渐提炼出影响活动成效的力量、速度、耐力、技巧等人类素质时，培养这些素质就逐渐从直接劳动中脱离出来，成为一种单独传授乃至相互较量的身体活动。于是，身体活动形式就成为脱离纯粹谋生功利的身体活动教育，并世代传播。

如在山西省峙峪遗址出土了一批用燧石制作而成的石镞，这是中国目前发现最早的箭头，表明当时的原始人已经开始使用远程射击武器。射箭本身是一种捕猎方式，但射箭运动则是在射箭捕猎的功能消退之后人们为了消遣与娱乐而设立的休闲方式，经过长期的演化和传播，使用弓箭已成为中国古代许多民族经久不衰的一项体育活动，我国古代教育“六艺”中的“射”便是其中之一。人类为了生存与劳动需要，通过劳动和长期的进化获得了跑、跳、投技能，有意识地锻炼自己的跑、跳、投、攀爬和游泳等身体技能，并通过人际肢体活动传播，提高其技术、力量、速度、耐力等多方面的能力，形成了萌芽期的体育传播。因此，体育传播对于推动现代体育发展和社会进步具有重要价值，并成为人们关注和研究的重要内容。

2. 体育在游戏中产生与传播

德国哲学家席勒在《审美教育书简》中有一段名言：“只有当人在充分意义上是人的时候，他才游戏；只有当人游戏的时候，他才是完全的人。”由于劳动使人类与动物分开，人类为了生存，必须通过奔跑、跳跃障碍物、投掷利器、攀爬等各种活动以猎捕野兽和逃避其侵袭，在此过程中，形成了一些最原始的身体活动技能。与此同时，由于原始人萌发了一种“嬉戏取乐”的心情，在猎到一头野兽时，狩猎者有了想把由于狩猎时使用力气所引起的快乐再度体验一番的冲动，于是，创造自己独特的狩猎舞。大家在饱餐一顿之后，一高兴自然就要手舞足蹈一番。这种由身心愉悦引发的身体活动的愉悦通过人际肢体活动传播，就在原始社会形成了舞蹈的原始状态。人类通过肢体活动进行游戏活动与传播过程获得快感，然而，那种蒙昧阶段的舞蹈和游戏只是“感性冲动”和原始欲望的表达。这种游戏一般也是比较低级的，准确地说是人的“玩耍”。

当人类基本适应了原始生存环境，生产能力有了提高，生活资料逐步丰富，人们能够得到温饱之后，在暂时摆脱了生存的压力与困扰，为寻求精神上的轻松愉悦时，才产生出较多较高级的舞蹈和游戏活动。世界上各个民族在原始社会实践中创造了反映狩猎、农耕、祭祀、祈祷和图腾崇拜的舞蹈和各种身体游戏。其中中国古代的乐舞就是在娱乐目的支配下，以身体动作基本表现寄寓着原始人的情感，表达着原始人的思想。

考察中华文化以外的文化系统，同样会很容易找到大量的娱乐因素。荷兰文化学者胡伊青加对不同的文化形态广泛考察后认为，在整个文化进程中都活跃着某种游戏娱乐因素，正是这种因素塑造了人类社会生活的多种重要形式：“仪式产生于神圣的游戏，诗歌诞生于游戏并繁荣于游戏，音乐和舞蹈则是纯粹的游戏……战争的规则、高尚的生活习惯，都是在各种游戏中被建立起来的。”最后他得出一个惊人的结论：文明就是在游戏娱乐中并作为游戏娱乐而产生和发展起来的。

人在游戏中实现了最初的自由与独立的状态，在原始人一直受到生存环境的严酷挑战之时，游戏搭建了彰显人自由性质的舞台，这应该是十分引以为豪的事情。这些由原始的感性冲动而进行的手舞足蹈的“玩耍”等各种身体活动与在劳动过程中产生的奔跑、跳跃、投掷、游泳和攀登的身体基本活动相结合，构成了这一时期原始游戏活动的内容，形成了由玩耍到游戏的人际肢体活动传播，这是原始萌芽期体育传播的第一次质的飞跃。

游戏少不了人的参与。游戏是人所设计的，也是人所进行的，无论个人还是集体，在游戏中人都会进行“对抗”的基本活动。对抗是人与人或人与自然的对抗与挑战，这是人在游戏中获得乐趣和得以传播必不可少的环节。人进行的游戏要达到轻松与愉悦效果，就要“构造”一个相对独立的空间，这就是游戏的空间，一个“虚拟”的空间。赛跑必须在“跑道”上进行，即使这个跑道是家门口的道路，他在赛跑时也不是作为一种交通要素而是游戏的场地存在。游戏的特点还集中体现在游戏的“工具”上，由于原始人工具的使用是以身体活动为基本形式，因此，潜在地为专门体育器械和体育技能做好了准备。原始的工具和直接或间接体育器械可以分为远射类，如弓箭、弹弓、弩等；投掷类，如石球、飞石索矛等；水上活动类，如舟楫、浆；游乐类，如陀螺等。

同时，游戏必须拥有“约束力”。从玩耍到游戏的关键，是“简单的裁判规则和裁判方法”的产生。其实规则本身也是一种“构造”的体现，不过这里更强调一种约束的作用。通过规则的约束，参加游戏的成员能够以平等的姿态参与游戏，并通过把握机会、利用条件获得胜利。原始社会人类以分胜负的游戏方式进行娱乐，并构造游戏空间，建立游戏规则，这是原始人类由游戏向竞技过渡的体育传播第二次质的飞跃。

体育传播的第三次质的飞跃是以竞技运动为中心内容的原始赛会的出现。在此阶段，宗教和军事冲突等因素的影响也开始突出地表现出来。古代竞技赛会是在原始社会向文明社会过渡的阶段，其规模、要求更高了，并在全世界各地出现了一些著名的竞技比赛中心，如奥林匹克、卡尔拉克、马拉斯等。而且这些赛会又多与祭祀神灵、展示身体、缅怀英雄、祈求和平、休闲娱乐、团结社会成员等社会和文化目的联系在一起，尤其与宗教联系得更密切。此时的竞技比赛和传播不仅仅是竞技角逐，与文化、教育等紧密结合在一起，为近代和现代体育传播奠定了良好的基础。

3．体育传播的演进

在人类发展的过程中，游戏与竞技是人们生活的组成部分。最初的游戏和竞技活动传播方式，主要是个人与个人之间、个人与群体之间、群体与群体之间的人际传播。这种体育传播一般是在少数人、小空间内进行的不规则的、信息表达不规范的一种活动，但其信息反馈及时、灵活，传、受双方的角色可以随时交替。在古代，人们通过口头语言和肢体语言进行体育信息的传播。人们最早通过口头语言这种符号来传播新闻信息的现象出现在公元前776年古希腊召开的第一届古代奥林匹克运动会上，当时，新闻官和传令官以口头形式发布和传播比赛消息。古代奥运会召开前，依照宗教规定人们聚集在奥林匹亚宙斯神庙前，举行庄严肃穆的仪式，从祭坛点燃火炬，然后奔赴希腊各个城邦。火炬手高举火炬，一边奔跑，一边呼喊："停止一切战争，参加运动会!"火炬像一道严格的命令，有至高无上的权力，火炬到哪里，哪里的战火就熄灭了。即使是在激烈厮杀的城邦也都纷纷放下武器，神圣休战开始了。希腊又恢复了和平的生活，人们忘记了仇恨与战争，都奔向奥林匹亚参加奥林匹克运动会。这一时期主要是通过人际之间和群体之间进行体育传播。

14—16 世纪欧洲的文艺复兴、宗教改革和启蒙运动三大思想文化运动，为近代体育的产生扫清了思想上的障碍。资产阶级革命的胜利和工业革命以及城市化发展，使人们对体育产生了新的需求。在这种背景下，近代体育应运而生。到了 19 世纪后期，各种竞赛活动和运动组织便迅速超出学校和上层社会的圈子，遍及欧洲社会各阶层。各种单项的全国性协会和竞赛在欧美各国陆续出现，其中较早的是 1750 年成立的英国赛马组织、1858 年成立的全美棒球协会和 1863 年成立的英国足球联盟。随后一些体育组织相继成立，由原来体育的人际传播向体育的组织传播转变。这些全国性运动组织的成立，使原来仅限于学校或俱乐部水平的国际比赛活动逐步升级。随着自由资本主义向垄断资本主义过渡和世界市场得以形成，民族间的壁垒被打破，体育也超越国界，出现了国际间的体育交流和比赛，形成了体育国际传播。

同时，随着国际体育交流的增多，一个协调各体育组织活动的国际体育组织的诞生就成了必然。成立较早的是国际体操联合会 (1881 年)、国际橄榄球协会(1890 年)、国际赛艇联合会和国际滑冰联合会(1892 年)。体育组织的成立推动了竞赛活动的兴盛，促进了运动技术和规则的进步，同时国际体育组织的产生，也使运动竞赛摆脱了原来的地方传统，具有了国际性。在国际单项体育组织不断成立和国际单项体育竞赛蓬勃开展的基础上，人们又迫切要求组织世界上规模最大的综合性运动会，所以，体育组织的产生又为奥林匹克运动会的复兴创造了条件。这一时期的体育传播的突出特点是体育组织传播。

文字出现后，人们开始通过报纸、杂志等书面符号进行文化传播。进入阶级社会以后，随着生产力的迅猛发展，欧洲的新闻报纸率先诞生，其最为显著的表现便是报纸的产生(罗马帝国的《罗马公报》是世界上最早的官报)，体育新闻开始成为报纸不可或缺的内容。创建于公元前 59 年的《罗马公报》上关于角斗竞技等的体育新闻便时常出现，这标志着体育新闻从原始的人际传播转化为正式的媒介传播。18 世纪以后，欧美的一些报纸便不时刊登有关体育比赛的消息，其中，近代户外竞技运动发源地的英国及其殖民地是当时最为典型的代表，赛马、板球、划船等比赛消息经常成为他们报纸的报道内容。1829 年，美国第一份运动杂志《美国赛马与运动杂志》问世，标志着纸质媒介走向专业体育传播，体育组织传播走向大众传播。

19 世纪末至 20 世纪初的第二次科技革命，给新闻事业和大众媒介体育传播的发展带来了深刻变革。1876 年电话问世，其后爱迪生加以改进发明了电报；1895 年发明了无线电技术，这些发明革命性地改变了前方记者与后方编辑的交流方式。1899 年，美联社雇佣了无线电报的发明者马可尼，他用自己的发明发送了第一条国际赛艇比赛的消息。此后，无线电报在体育报道中被广泛地采用，尤其是在城市之间传送比分和比赛统计数据时非常方便、及时。此后，只要有体育比赛和体育记者的地方都可以使用电报。1916 年，美联社第一次通过电报从世界职业棒球联赛赛场向本系统内部各个报社发送了详细的赛事报道，成为一个划时代的事件，拉开了电子体育传播的序幕。

自20世纪20年代起，收音机、电视机等一系列的技术发明将体育新闻传播带到了一个全新的发展阶段。被公认为世界上第一座广播电台的美国匹兹堡西屋电气公司开办的商业广播电台(呼号 KDKA)于1921年夏，为听众提供了板球比赛的消息，成为早期的广播体育新闻。同年举行的世界职业棒球联赛上，就有人在记者席通过电话向电台通报比赛现场的详细信息，使电台在第一时间将消息传播出去。成立于1922年11月14日的英国广播公司(BBC)，成立不久就开设了体育新闻报道。广播体育新闻的诞生使得体育新闻的时效性大大增强，同时也改变了印刷媒体一统天下的格局。

到了20世纪30年代，电视开始介入体育新闻的传播，给受众带来了全新的视觉冲击。拳击是第一项由电视定期转播的运动项目。1936的柏林奥运会便出现了闭路电视转播，人们可以通过电视收看到奥运会的比赛盛况，标志着电视转播技术在体育界应用的开始，人类社会进入电子体育传播时代。

20世纪40年代，电脑的问世标志着人类社会进入网络传播时代。网络传播与传统的印刷传播、电子传播的最大不同之处在于，它是在电话高度网络化的基础上形成的。因此，它除了具有其他传播的特点之外，还具有主动性、参与性、交谈性、操作性和互动性的特点。网络传播连接整个世界，加快了全球化的进程。

(二) 体育传播学研究的基本内容

1. 体育传播学基本理论和体育传播的基本问题

体育传播学是研究人类体育传播行为和传播过程发生、发展的规律及体育传播与人和社会的关系的学问，是研究体育信息系统及其运行规律的科学。在基本理论研究方面主要探讨体育传播学的理论框架、知识体系、学术地位和现实价值，着重研究体育传播过程、体育传播形态、体育传播效果、体育传播要素和体育传播过程中媒介与体育、人的关系等现象，研究对象较集中。其主题是研究人类的体育传播意识、体育传播行为和世代流传的体育传播媒介，以及体育传播与社会、政治、经济、文化之间的互动关系，体育传播过程中传者和受者的关系，传播的基本途径、方法、手段和类型等基本问题。体育传播活动的目的是要运用媒介改变人的态度和行为。体育传播学能够从更高的层次、更广的视野来揭示体育信息传播的本质和规律，从而可以更正确地指导包括宣传活动在内的体育传播活动。

2. 体育传播的历史、现状与未来发展

研究体育传播的历史是体育传播学的基础和逻辑起点，通过探寻体育传播现象发生的先后次序和历史因素，揭示体育传播与体育传播媒介变革的历史过程和基本规律，从而使体育传播学能够“论从史出”，使体育传播者能够“以史为鉴”，获得历史知识、历史智慧和历史经验，进而提高传播效果。体育传播历史的研究是一种静态的、内向的研究，通过关注和分析体育传播的历史事实，了解人类体育传播的发展历程，推动传播历史发展的动力，为现实体育传播传承和发展服务。

在当今体育全球化、社会化和产业化时代，体育和体育传播成了备受瞩目的焦点。体育传播对社会和人们的生活方式产生了深刻的影响。学者从体育传播的角度关注体育所面对的现实与发展问题。目前，我国体育传播学研究已涉及的主要理论及问题有体育传播学理论体系的构建、体育新闻传播理论与实务、体育新媒体传播理论、体育公关与营销传播、体育新闻传播教育人才培养、奥林匹克运动传播、体育传播与国家形象、大众媒体与国际体育、大众媒体与民族体育、体育传播与大众文化等。

体育传播学主题是研究人类的体育传播意识、体育传播行为和世代流传的体育传播媒介，以及体育传播与社会、政治、经济、文化之间的互动关系。受当代媒介融合等人类传播科技与全球化、跨文化体育传播趋势的影响，人类所面对的体育传播现实也越来越复杂。从体育传播研究本身而言，其未来研究主要在寻求建立各种体育传播理论的契机与回应现实体育传播问题的研究过程中，探讨最多的主题较集中体现在以下几方面：媒介融合时代体育传播发生的关系语境、结构和样式，网络体育传播与新媒体体育传播研究，体育传播及其技术对人类社会及价值观的影响，人与社会的体育传播动机、功能、目的与效果，体育传播在人类寻求相互理解。

3．运用体育传播学理论解释、解决体育传播实践问题

体育作为一种特殊的社会文化活动，与大众传媒密切相关。当前，传播体育赛事的媒体越来越多，体育赛事信息的传播量也越来越大，无论是体育赛事的传播，还是体育文化的传播及体育产业发展，大众传媒所扮演的重要角色和产生的积极作用都已逐渐被人们所关注。

在文化工业时代，媒介通过对体育信息的选择、加工、反映和重构，产生了一种以体育为原始文本，但在形式和本质上又不同于体育的新的文化形态——媒介体育。媒介体育的形成，不仅标志现代科技和文化工业对体育的深度介入，也更意味着大众思维范式的转换和生活方式的改变。面对文化工业时代媒体的这种变化，体育传播实践过程中也出现了许多新的问题。诸如随着媒介融合和新媒体的快速发展，媒体的传播结构和模式发生了重大变化，体育传播就是要运用媒介传播理论应对这些变化，提高体育传播效果。受众需求是体育传播发展创新的动力所在，也是体育传播的最终归宿。随着体育的发展、体育受众的分化，媒介体育传播要运用需求与满足的传播理论研究受众的需求，满足不同受众对体育传播的需求。体育传播是在一个具体的社会环境和场合当中的一种行为。体育文化本身的特征和性质使其在形成社会舆论导向、规范个人行为、协调社会关系方面的作用更加突出，同时也有利于对体育环境进行监督。随着体育和媒介的快速发展和相互依赖程度的提高，运用体育传播学的相关公共关系理论为塑造体育组织、城市和国家的形象、解决公共关系危机提供指导和帮助等。

由于我国体育传播学还处在初步发展时期，研究者更多地还局限在把一些理论拿来使用，而缺少对理论与问题本身的研究和关注。但是随着体育传播正在成为人类生活的一项重要内容，处于体育体制转型期的我国更加需要对体育传播现象与传播规律进行认识，使体育传播学在我国得到进一步发展。

（三）体育传播学未来的发展趋势

1．体育学与传播学的结合推动体育科学发展

近代体育是伴随着资本主义的发生、发展而逐渐萌芽与兴起的。自人类社会

进入资本主义历史阶段以后，体育运动无论在内容还是在形式上都发生了巨大的变化，体育已成为学校教育不可缺少的组成部分，并由学校走向社会，逐渐越出地域限制，越来越具有国际性。体育的发展与科学技术进步密切相关。随着体育的传播和发展，越来越多的学科开始介入体育，出现了许多新的与体育有关的交叉学科。例如，体育与历史学相结合形成体育史学，体育与教育学相结合形成体育教育学，体育与社会学相结合形成体育社会学，体育与解剖学相结合形成体育解剖学，体育与生理学相结合形成体育生理学，等等。这些与体育相结合的学科在其发展的过程中，形成一个与体育科学研究相关的学科群，逐渐形成一个独立的体系和一门独立的学科——体育学，为体育的科学发展提供理论依据和实践指导。

随着现代信息社会的发展，大众传媒对体育的深度参与，使现代体育发生了深刻的变革，这种以大众传播媒介为手段，按照市场规律去运作，以大众获得愉悦为目的的文化形态促使体育成了媒介传播的经常性内容，使体育大众传播进入制度化层面。这主要表现在专业体育媒体的出现、体育报道的经常化、规模化、系统化以及体育受众以几何倍数增长的现实。

面对大众媒介体育传播的深刻变革和新的体育传播现象的出现，体育学中的现有理论难以解决体育传播中出现的现象和问题，例如，大众传媒与体育发展具有何种关系？体育传播者如何运用议程设置理论去有效地传播体育文化？体育受众是如何形成的？体育受众对体育和大众传媒发展的作用如何？媒介融合背景下体育传播如何变革？体育传播效果及对社会发展的影响如何？这些问题必须借助传播学的理论才能得到科学的解释，在此基础上将体育学与传播学相结合，形成一门新兴学科——体育传播学。体育传播学的建立既丰富了体育学和传播学的学科体系，也推动着体育事业和体育科学的发展。

2. 体育信息传播研究的深入促进体育传播学的发展

体育从其脱离人类生产劳动自然形态伊始，便作为一种特殊的活动形态，具有了人类信息传递的特征和属性。同时，伴随着人类文明在社会中得以广泛传播，并且在传播中流动、增值，对人类社会发展和人们的生活方式产生深刻的影响。体育传播与体育信息的关系极为密切。体育信息是指体育的存在方式、运动状态及其表述。人、组织和大众传媒是体育信息的载体，体育传播是体育信息的存在形式，体育信息是体育传播的内容。体育传播将体育文化中的精髓传承下去，使之世代相传并与其它文化碰撞、融合，使体育文化在历史的长河中得以沉淀和积存，对人们的生活方式和习惯产生潜移默化的影响，对提高人类生命质量具有重要价值。体育文化沉淀和弘扬就是体育传播的结果。

体育传播学以传播学、新闻学、社会学和体育学等学科理论与方法为基础，研究体育的传播特点和规律，指导现代体育实践，通过对体育信息的传递与分享，与他人建立共同的意识，使其能够相互沟通、理解和交流，从而推动体育的发展和体育传播学的发展。

3．体育与大众传媒的互动推动体育传播学的发展

印刷媒介诞生以后，媒介从此进入大众传媒的轨道。以大众传媒为载体的体育文化传播，消解了面对面交流的直接性，而大众体育的实践主体又是由观众和“游戏者”——运动员共同构成的，一旦大众传媒使间接交流成为可能，也就意味着体育的实践主体被极大地扩展了。此时，体育已经不再仅仅是简单的运动，它还为大众提供了可供交流的文化空间。在大众传媒所产生的交流的间接性，使交流符号、体态转向具有稳定性的意义存储系统，“游戏者”——运动员和观众在空间和时间上被隔开，这样的交流不再局限于“在场的有效性”，而是变成了不在场的主体交流过程。对于当代体育而言，重要的是在视觉传媒尤其是在电视出现以后，基于我们对体育游戏本质的澄清，使得在不同空间之中可以进行共时的参与和交流，而这一点恰恰符合大众文化注重当下感受的特征，这就为当代体育成为大众消费热点提供了保障。

大众传媒具有创造深入传播对象心目中的人物的特殊功能，这在传播学上称为大众传媒“授予地位”的功能，其含义是指大众媒介能够授予个人、团体、社会问题以及社会运动以地位，使其在一定时间内成为大众关注的焦点和尊崇的典型、膜拜的偶像，从而出现明星效应。在大众文化语境中，当代体育明星具有自身独特的社会经济文化功能。

当代体育与大众传媒相互依存、彼此影响，已成为各自生存和发展的重要伙伴，两者的结合也是当代社会发展与体育自身发展的共同要求。大众传媒对当代体育的宣传报道本质上是一种对其背后所隐含的体育文化的传播和延续。同时，当代体育的发展和演进也为大众传媒的发展壮大注入了一股强心剂，两者之间的互动关系引起了人们的普遍关注和广泛思考。当大众传媒与体育“联姻”后，体育文化的传播就找到了最佳的载体。这样，作为体育文化发展的一种衍生品，体育文化传播既是传播学在体育运动这一特殊领域中的渗透与拓展，又是体育学在新闻传播业中的体现与延伸——体育与大众传播媒介(报纸、广播、电视、网络等)的结合是当代社会发展与体育自身发展的共同需求，从而推动体育传播学的发展。

第二章 体育传播与平面媒体

第一节 体育传播中的平面媒体

一、体育传播中平面媒体传播的信息

美国著名的政治学家哈罗德·拉斯韦尔于1932年提出5W传播模式后，后来的学者在此基础上又不断予以修改、补充，提出了众多传播模式和过程，但始终都是围绕拉斯韦尔5W模式来进一步深化、细化的。在传播过程中，“传播什么？”向来是一个中心环节，即传播者发出了什么信息。

（一）体育信息的分类

信息有很多种分类方法，如多角度分法、三分法、广义信息分类法等。其中，多角度分法按内容分，有社会信息与非社会信息；按存在形式分，有内储信息和外化信息；按状态分，有动态信息和静态信息；按外化结果分，有记录信息和无记录信息；按符号种类分，有语言信息和非语言信息；按信息流通方式分，有可传的信息和不作传递的信息；按信息论方法分，有未知信息和冗余信息；按价值观念分，有有害信息和无害信息。当然，这些按不同标准分出的各个信息类之间是相互交叉、相互渗透的。

就体育传播而言，其传播的过程应当是体育信息的流动。体育信息是与体育运动相关的信息。同样我们仍沿用内容标准，进一步给体育信息分类。

(1) 体育管理与决策信息。

体育宏观管理与体育战略决策、指导的信息。包括体育事业、体育领域的各种方针、政策、法规、制度、计划、纲要及其措施落实情况，体育管理机构与各级政府的工作开展，与经济、教育、文化、卫生等其他部门的合作、协调，与国内外体育机构、体育组织的交流联系等宏观信息。

(2) 教学训练信息。

体育教学和运动训练的理论、方法、手段等方面的信息。包括对不同教学训练对象传授锻炼身体的知识、技能、方法，提高体格体能、心理和运动能力，以达到最佳教学训练效果所采用的新观念、新手段、新教程等信息。

(3) 运动竞赛信息。

与运动竞赛这一中心相关的信息。它包括主、客方的竞赛历史，队员身体机能状况，技、战术特点，教练员赛前准备，赛场环境，比赛的规则、规程，赛后对比赛的评述，对赛况技术资料的统计、分析，各项成绩记录等。

(4) 体育科学信息。

这是关于体育科学技术的发展的动向、水平和成果的信息。包括体育自然学科，如运动生理学、运动解剖学、运动医学等学科信息；体育社会科学，如体育伦理学、体育哲学、体育美学、体育史等学科信息，以及体育人文、体育管理等学科信息。

(5) 体育设施、设备、物资等信息。

包括体育运动场馆、器材、设备、服装的设计、研究、开发、配备和使用、管理等后勤提供保障方面的信息。

(6) 体育经济信息。

体育产品的生产、消费，体育俱乐部的经营、管理，体育彩票的发行、运作，体育赛事转播、报道权利的转让及使用等属于体育产业方面的信息。

(7) 与体育相关的其他信息。

(二) 体育信息的特点

体育信息属于一般信息的范畴，因此它具有一般信息的特征。

1. 客观性

事物及其状态是客观存在的，而作为事物本质属性的反映，信息同样是不以人们意志为转移的客观存在。

2. 传递性

一方面信息必须借助媒介才能进行传递交流，才能为人们感知、占有、使用，另一方面人们又可以突破时空的限制，在不同时间、地点利用媒介传递的各种信息。

3．共享性

信息生成传播后，可以为众人所接受、享用，不会因为被一方的占有使用而使其效用降低，也不会因为传播、使用次数的增加而使信息自身的内容受到损耗。

人们还对信息的其他属性进行了描述，如信息的相对性、扩缩性、组合性、运用的多角度性等，在此不再赘述。那么平面媒体传播的体育信息应当有哪些特点？自然，它既有大众传播的信息特点，又有体育信息的特点，具体表现如下：

首先是知识性。传播信息，也就是沟通情况、交流经验，体育信息的传播，也就是体育知识的传授，体育文化的传播，体育科学的推广。不同平面媒体在传播知识时又有其侧重点：报纸主要传播萌芽时期的知识和当前最为适用的受众还不知道的体育知识，刊物主要刊登正在形成的体育知识，书籍主要记载已经形成的体育知识。

其次是综合性。体育运动和体育学科涉及的社会领域和学科领域面很广，体育与政治、经济、文化、外交、卫生、科技等都有着密切联系。体育内部又是门类复杂，项目众多。体育作为一种社会现象，其自身的综合性势必决定了体育传播信息的综合性。

二、体育传播中的各类平面媒体

（一）报纸

报纸是以刊载新闻和时事评论为主的、以较短定期间隔连续向公众发行的散页出版物。

1．专业体育报纸

传播信息仅限于体育领域的报纸。这种专业体育报纸又可分为综合传播体育信息的报纸和传播某一类、某一种体育运动项目信息及相关信息的报纸。前者如1958年9月1日创刊的《体育报》，现名《中国体育报》，它是全国为数不多的体育新闻专业日报，全方位、立体化报道国内外体坛的风云变幻，受众面广，权威性高；还有体育传媒的“航空母舰”——《体坛周报》，异军突起的《南方体育》等。后者如《足球》《球报》等。

2．综合类报纸

目前我国有许多报纸都开辟了体育版面和体育专栏，而且它们占报纸整个版面的比例也越来越大。这些报纸既有面向全国发行的综合类报纸，又有省、市级的综合类报纸，既有党政机关报，又有晚报、都市报等。

3．其他专业的报纸

如医学、养生等和体育有着密切联系的专业报纸，这些专业报纸传播的某些信息就是体育运动领域的信息，或者和体育研究有着间接关系。另外，随着边缘学科、交叉学科等新兴学科的出现，体育与越来越多的社会部门、学科领域产生关联，所以有一些专业报纸如经济、外交、科技、教育、文化等报纸，也经常传播体育信息。还有些报纸报道领域虽然与体育无直接的联系，但是这些报纸有时也会突破报道题材的限制，以体育信息来吸引更多的受众，尤其是在一些大型的赛事和运动会举行期间，报道体育新闻就成了各报的时尚。

目前，我国的专业类体育报纸主要有《中国体育报》(中国体育报业集团)、《体坛周报》(湖南)、《足球》(广州日报报业集团)、《南方体育》(南方日报报业集团)、《球报》(辽宁日报社)、《中国足球报》(中国足球协会、中国体育报业集团)、《体育信使报》(安徽)、《世界体育周报》(中国体育报业集团)、《体坛报》(浙江)、《海峡体育报》(福州)、《体育周报》(湖北日报社)、《体育时报》(南京)、《珠江体育报》(广州市体委)、《体育快报》(新华通讯社)、《体育参考》(新华社华南分社)、《羊城体育》(羊城晚报报业集团)、《东方体育报》(安徽)、《东方体育日报》(上海)、《现代体育报》(广州现代体育报社)、《四川体育报》(四川)、《体育天地》(辽宁体育报社、《体育之声》(河北日报社)、《体育文摘》(新体育杂志社、中国体育记者协会)、《体育生活报》(河北)、《甘肃体育报》(甘肃)、《青年体育——北京足球》(中国青年报社)、《棋牌周报》(中国体育报社)、《围棋报》(湖北)。

(二) 期刊

期刊也称杂志，是指有固定刊名，以期、卷、号或年、月为序，定期或不定期的连续出版物。出版周期一般不超过一年，有统一的版式和外形，辟有多种栏目，由众多作者的作品汇编而成。

(1) 综合性体育学术刊物。

主要刊登体育学术论文、研究报告等方面的信息，具有较强的学术性和技术性，如各体育高等院校的学报。

(2) 运动技术刊物。

主要刊登运动训练的理论和方法，有关技术、战术的文章，报道各种训练和比赛的情况，介绍各项运动的历史和现状以及优秀运动员和运动成绩，如《田径》《篮球》《体操》等。

(3) 体育基础学科理论刊物。

各学科的学术理论刊物，能及时反映各基础学科的研究方向和研究动态学术成果，如《中国体育科技》等。

(4) 体育教育类刊物。

主要刊登学校体育，尤其是中小学体育教学的情况和经验，系统介绍体育教学的理论和方法，读者主要是体育教育工作者，如《体育教学》《体育师友》《中国学校体育》等。

(5) 体育普及性刊物。

主要向广大体育爱好者和一般读者普及体育知识，介绍锻炼身体的方法，如《运动休闲》等。

(6) 体育文献检索类刊物。

主要为体育信息的需求者提供查找体育文献的线索、路径、方法等信息的刊物，如《全国中文体育期刊篇名目录》等。

(7) 其他综合类期刊。

虽然不是以专门的体育信息作为本刊传播的主要内容，但时而也会出现一些体育类信息。

(三) 书籍

书籍是装订成册的著作，有封面、序言、目录、正文，也是品种最多、数量最大的出版物之一。

(1) 体育科学的学术著作。

就体育学科领域内某一现象、问题进行系统、深入、全面的论述和探讨的著作，它可以是专家、学者的个人或集体的专著、编著，也可是体育研究的论文集。

(2) 体育教材。

根据教学大纲，针对教学需求而编写的体育教学用书。

(3) 体育科普类读物。

以满足体育爱好者的信息需求和向一般读者传播体育知识、普及体育运动、提高身体素质为目的的书籍。

(四) 体育工具书

体育工具书包括各种体育类词典、字典、百科全书、年鉴、手册和指南等。

1985 年,《西安体育学院学报》编辑部编撰的《中文体育书目》(1903—1984)，收录了 1903 年至 1984 年 7 月间我国公开和内部出版的中文体育图书共 5 075 种，其中包括新中国成立后出版的我国少数民族文字体育图书 87 种。中文体育书目(包括港台中文体育图书 118 种)的图书类别如下：马、恩、列、斯、毛论体育及其体育实践等书 8 种，总论体育图书 34 种，体育运动的意义 14 种，科学的哲学基础 20 种，与其他科学的关系 17 种，科学研究方法 3 种，综合性论文集 52 种，综合性参考工具书 69 种，检索工具书 24 种，世界各国体育事业 153 种，中国体育事业 851 种，运动场地器材 53 种，体育理论 72 种，体育管理学 20 种，体育史学 1 种，运动生理学 1 种，运动解剖学 19 种，运动医学 311 种，运动生物力学 30 种，运动生物化学 11 种，运动心理学 27 种，总论各项体育运动 58 种，田径运动 274 种，体操运动 433 种，球类运动 673 种，武术运动 461 种，水上、冰上、雪上运动 308 种，军事体育 196 种，其他体育运动 176 种，文体活动 484 种，等等。

随着体育事业和出版业的不断发展和长足进步，近 20 年来，我国体育类书籍的出版量达到了新高，呈现出前所未有的繁荣景象，每年都有一批高质量的新书投放市场，以满足读者的需求。

三、平面媒体的传播特征

1．平面媒体是视觉媒介

书籍、刊物、报纸等作为占有空间的物质实体，以负载有序的线性的文字符号来传播，通过印刷在平面纸张上的文字、图片、线条、色彩、版面设计、页面装帧来传递信息，受传者凭借视觉来进行阅读。因而平面媒体较适宜于用来传播高深的观念、复杂的思想、琐碎的情报和严谨的材料，也适合用于传播篇幅长的、准备作为证信的或不紧急的信息材料。报纸利用这一优点，在信息增生、信息变化快速的传播环境下，在广播电视不断提出挑战的背景下，充分发挥自身的优势，以解释性报道、述评新闻等深度报道的方式积极探索信息传播的新天地，以保持平面媒体自身旺盛的生命力来吸引更多的受众。

2．记录性好，保存性强

从平面媒体内部的恒久性排序来说，书籍要强于刊物，而刊物又强于报纸。由于是印刷在固定的纸张上，书刊、报纸可以被读者反复多次地阅读与接受，读者能够把自己所需的信息保存好，以便日后查阅，深入研究，因而平面媒体的阅读率和传阅率相对来说就比较高。

3．选择性强

读者可以根据自己的习惯、爱好，自由选择决定阅读书刊、报纸的时间、地点、顺序、方式、速度，尤其是还可以挑选阅读的内容，平面媒体的这些特点都给读者带来了极大的方便，也是其他媒介难以比拟的。

4．时效性差

平面媒体的物理特点决定了它制作程序繁多，传播周期长，而以无线电波来进行信号传播的电子媒介，如广播、电视，则传播迅速，时效性强。

5．渗透性差

在信息传播的过程中，平面媒体受交通条件的限制大，不像以电波传播的电子媒介那样传播范围广，可以“无限传播”。

6. 直观性差

平面媒体不能像电子媒体那样，可以给受众提供声音、图像，它既没有广播生动活泼、亲切感人的语音音响，更没有电视把人的视觉、听觉结合起来，将现场直接呈现于受众面前的传播效果。

7. 受众范围的限制

由于平面媒体主要是以文字符号进行传播的，它的传播范围就受到受众的文化水平的限制。电子媒体在这方面具有传播优势，从文盲到高级知识分子，都可以成为它们的受众。

从早期印刷媒体发展的历史来看，在印刷术发明并在全世界推广之后，最早出现的便是书籍，而从出版史考察，报纸是从期刊发展而来的，而期刊又是从书籍分化出来的。我国长期以来都习惯用“报”来称呼期刊，真正以期刊、杂志的名称来称呼的，是 1900 年杜亚泉在上海创办的《亚泉杂志》，之后又有上海商务印书馆于 1904 年创刊的《东方杂志》，出版时期前后长达 40 多年。很长时间内，报纸和期刊并无多大区别，但随着社会的发展，人们生活节奏的加快，受众对信息的需求发生了极大的变化，不但在信息量上的需求大增，而且对传播信息的媒体也提出了更高的要求，因此书籍、刊物、报纸自成一家也就势在必然。

书籍、刊物、报纸在出版速度、出版周期和传播内容上都有所不同。

(1) 出版速度和出版周期。

报纸的出版速度快，一张日报，从采访、写作、编辑、排印到发行，不超过 24 小时，报纸工作人员常常是以分秒必争的速度来抢发最新消息，抢播最新信息。期刊的编辑则不一样，他们选稿、用稿、组稿的速度要慢得多，许多时候所选稿子在一期中排不开，则要将其往后挪一到两期，甚至更多期。体育类的报纸有日报类、周报类，有的报纸一周数刊，有些报业集团所属的报社则一天连续出版发行晨报、午报、晚报来传播体育信息。刊物出版的周期相对要长一些，有周刊、旬刊、半月刊、月刊、双月刊、季刊甚至半年刊、年刊。书籍出版的时间则最长，一本书、一套书从最初的策划到最后与读者见面，短则以月计算，长则要达数年乃至数十年。而且书籍是不定期的、非连续性的出版物，没有一定的出版周期，具有相对的独立性。

(2) 传播信息的内容。

由于出版速度和出版周期不尽相同，所以书、报、刊在所传信息上也是各有特点，各尽其能。马克思和恩格斯就指出："报纸最大的好处，就是它每日都能干预运动，能够成为运动的喉舌，能够反映出当前的整个局势，能够使人民和人民的日刊发生不断的、生动活泼的联系。至于杂志，当然就没有这些好处。不过杂志也有杂志的优点，它能够更广泛地研究各种事件，只谈最主要的问题。杂志可以详细地、科学地研究作为整个运动的基础的经济关系。"报纸的信息传播追求新鲜、及时，报道的大多是动态的时效性强的信息，体育类报纸在这一点上更加突出，反映在报道体裁上也多以告知性文章为主，文章大多短小精悍，虽然不乏长篇之作，但所占比例毕竟不大。体育类刊物不及报纸那样及时迅速，却可以把出版周期内所发生的事件，做一个全面的综合与回顾，在报道事件的系统性、深刻性上强于体育报纸。体育书籍具有一定的稳定性，故要求所提供的体育信息在较长时间内应具有它的效用性。在内部结构上，书籍使用的文体比较单一，各章节之间互相形成一个有机的整体，阐述的问题相对集中、系统而深刻，能使严肃复杂的课题得到全面而透彻的阐释，指导性强，影响力深。有人曾做过这样的比喻：报纸好像是秒针，杂志是分针，书籍是时针，都围绕时代的轴心旋转。

四、体育传播中平面媒体的受众分类

(一) 按接触媒体的类别分类

受众是指平面媒体传播的体育信息的接受者，按接触媒体的类别可将受众分为报纸的读者、刊物的读者、书籍的读者。正如前面所述，报刊、书籍因其传播的主要信息和目标不尽相同，各自又可以分成很多种类，受众在接受传播时，也因各自的需求不同，会在这三类媒体中再次细分，以找到自己的所需。比如体育学术期刊能高效地存储体育信息，使体育科研成果以文字、图表的方式固定下来，以便受众检索查阅，因而这类刊物在体育科技教育界有着重大的影响。而许多体育信息的接受者只是一般的受众，他们阅读刊物，接受体育信息的传播是出于对某类体育运动的关注，对某个体育项目的偏爱，或是对某些运动明星的欣赏，所以他们大多选择那些以休闲、娱乐为主要目的的大众类体育期刊。事实上，报纸、刊物、书籍这三大类媒体的读者也是不能截然分开的，其中某一类媒体读者可能同时会是另两类媒体的读者，许多受众在媒介的选择上具有很大的偶然性和随意性。

(二) 按接触平面媒体的频率分类

按接触平面媒体的频率可将体育信息的受众分为稳定受众和不稳定受众。习惯、固定地接触和使用某一种媒介的受众，称为稳定受众。没有固定习惯，偶尔接触使用某一媒介的受众，称为不稳定受众。自各种平面媒体传播体育信息以来，身边总围绕有一批热心忠实的受众，他们的反馈影响着媒体的体育传播，特别是传受互动的观念确立后，受众的参与热情更加高涨，正是这一部分受众在积极支撑着媒体的读者市场，诸如《体坛周报》《足球》《南方体育》《体育画报》《体育科学》《体育博览》等报刊都有自己的固定的受众群。

(三) 按平面媒体明确的传播对象分类

按平面媒体明确的传播对象，可将体育信息的受众分为核心受众和边缘受众。某种平面媒体在传播体育信息时，总有自己独特的内容舍取、栏目安排、风格定位，以此满足并吸引那些相对固定、明确的传播对象，即它的核心受众。与之相对的就是边缘受众，他们并非媒体稳固的受传对象，但媒体也会采用各种方法来吸引这部分读者。

(四) 按年龄分类

按年龄将平面媒体的受众分为少年、青年、中年、老年，通常情况下，体育信息的受众包含多个年龄层次，不乏老年受众，但以中青年人为主。他们敏感，适应性强，富有青春活力，新陈代谢旺盛，乐意了解和参加各项传统的和时尚的体育运动，既满足于亲身参与体育运动之后的快感与自豪，又倾情于某些体育项目的高难、惊险和健美。这部分人群是体育信息的稳定受众，也是某些平面媒体的核心受众。

（五）按性别分类

按性别可将平面媒体的体育信息受众分为男性和女性两大类。调查表明女性对体育的兴趣、爱好不如男性，从事体育运动、体育研究的人员也多以男性为主，故体育信息的受众中，男性占了较高的比例。

（六）按地域分类

按地域可将平面媒体的体育信息受众分为城市受众、农村受众。调查表明，城市受众对体育信息的关注与接受要比农村受众程度深、次数多，这是因为城市是政治、经济、文化的中心，体育运动普及程度高，体育场地设施齐全，大众传媒高度发达，体育信息供求旺盛，因此，书籍、报刊等体育信息的需求者大都集中在城市。我国平面媒体体育信息的受众还可以分为东部、中部和西部等不同地区，东部地区受众要比中西部地区的受众更多地接受体育信息的传播。笔者曾做过调查，绝大多数体育传播的平面媒体分布于东部沿海地区，这其中尤以报纸更为突出，不管是省一级的综合性报纸，还是地市级的综合性报纸，几乎都给体育信息留出了专版或专栏，报道内容丰富多彩，形式灵活多样。然而，中西部地区的很多报纸，却很少甚至不提供体育信息，即便有，也都是直接引用或转发新华社等大媒体的稿子。

（七）按照职业或者工作性质分类

按职业或工作性质来分，又可将体育信息的受众具体分为体育管理人员、体育科研人员、体育教学人员、教练员、裁判员、运动员、体育院校学生和一般的体育爱好者。因为职业的特点，他们会对某一类体育信息特别关注，从而选择其所需要和喜爱的平面媒体。如体育管理人员是各级体育单位制定方针，进行规划、落实措施的决策者和管理者，他们所接受的体育信息直接影响作用于他们的分析、判断和决定，因此他们关注的体育信息表现出全局性、综合性、及时性等主要特点。他们主要从体育类书籍和相关刊物中获取体育信息。

体育科研人员是在体育科研机构或高等体育院校从事体育科学和运动技术的研究者，他们所需要的是专业性、系统性、创新性、时效性都必须强的体育信息。各种体育科学刊物和体育院校的学报是他们获取信息的主要媒介。如一位运动医学的科研人员，他主要从事运动员的医务监督、机能评定和运动创伤预防治疗方面的研究，获取国内外运动医学领域的系统知识和最新成果就成了他工作的重要任务，《中国运动医学杂志》、各种体育科研刊物的运动医学栏目，以及有关运动医学的著作都将成为他获得体育信息的首选目标。

从事体育教学的人员有体育院校的学科和术科的教学人员，还有各级各类学校的体育教师，他们对体育信息的需求侧重于学术动态、教材选择、教法研究、仪器设备等人才培养的目标方面。《中国学校体育》等书刊将是他们的最佳选择。

教练员、运动员主要选择的是与平时训练项目和各种比赛有关的体育信息。体育院校的学生是国家专门培养的体育人才，将来要走向体育部门的各个工作岗位，正处于接受教学、训练的阶段，他们对体育信息的需求呈现出基础性、广泛性等特点。至于一般的体育爱好者，他们则根据自己的兴趣去主动地有选择性地接受体育信息。

不过这种划分也是比较粗略的，因为专职从事体育工作的人员，有许多都是身兼数职，以各种身份来接受体育信息的传播。比如某些体育管理人员既是体育科研人员，又是教练人员，他们对体育信息的需求则是多方面、多层次、多类型的。又如我们已经分析过的体育信息的特点，它是综合性的，学科与学科间，项目与项目间，并非壁垒森严，截然分开。处于不同部门、岗位的体育工作人员对体育信息的需求日益显现出既专又广、既集中又全面的新的趋向。

五、体育传播中平面媒体的传播功能

联合国教科文组织领导的国际交流问题委员会于 1980 年完成了研究报告《多种声音，一个世界》，其中详细分析了当今传媒所具有的一些主要功能，包括获得消息情报、社会化、动力、辩论和讨论、教育、发展文化、娱乐、一体化。而作为体育传播中的平面媒体，它既具有大众传播媒介的一般功能，又具有体育信息传播的特殊性，还体现出与电子媒体、网络媒体相异的独特优势与地位。

就受众而言，传播体育信息是平面媒体最基本也是最重要的功能。参加体育运动的锻炼，享受体育比赛的乐趣，了解体育环境的变化，接受体育信息的传播，这些都是一个健康的人在个人的个性化和社会化的过程中不可或缺的重要内容。在传播学者那里，媒体的雷达功能是被津津乐道的。就体育传播而言，平面媒体在受众监视体育环境、适应体育环境、改造体育环境方面一直起着重要的信息传送作用。报纸、刊物、书籍作为大众传播媒介中历史最长的一批成员，始终在迅速、及时、公开、大量地向受众传播着体育领域的种种信息。

在体育传播过程中，平面媒体具有如下传播功能。

(一) 指导功能

平面媒体在体育传播中的首要功能是传递信息，但是它的指导功能却也是与生俱来的。符号学的研究成果就表明文字及文字传播总带有一定的意义色彩，体育传播中的平面媒体对受众的思想、行动会产生一定的指点和引导作用。媒体既可以用典型的个案来示范，又可以用议题的设置来引导，在传播报道的风格上既有潜移默化地影响受众，也有直奔主题的颂扬批评。报纸、书刊中的各类文本形式(消息、通讯、特写、评论、按语、随笔、论文等)常常就体育领域中的种种议题进行探讨、解释。如较早的有体育运动、体育教育的意义、地位，奥林匹克的精神与主旨等。运动员永不服输的顽强拼搏以及向自身极限发起的无止境的挑战，始终都在鼓舞着人们的信心，激励着人们的斗志。

(二) 教育功能

体育传播中的平面媒体通过持续不断的信息夹带和知识积聚，给受众提供和创造了一个重视体育传播、享用体育信息、吸收体育知识的环境。现代人获得体育知识、体育技能的途径主要有两种：一是通过正规的学校体育教育，由教师在课堂里讲解传授获得；另一种就是通过接触以大众传媒为代表的各种传播体育信息的媒介而获得。不管是前者还是后者，平面媒体都起着不可替代的作用。报纸是传播最新体育信息，报道最新体育事件，提供最新体育知识的最为活跃的一种平面媒体。刊物在集中传播、传授某些体育知识上也有着得天独厚的空间。书籍则系统深入地收集了各类体育知识，无论是用于课堂教育的体育教材，还是出自专家之手的体育专著，都承担着教育教化的功能。如果从近代体育运动、体育思想的传播历史来观察，我们可以更加清晰地认识到这一点。

(三) 文化功能

媒体被看作是文化传播的工具，大众传播对文化的影响被当作是对整个社会的影响。体育信息传播中的平面媒体的文化功能首先表现为对本土体育文化的承载与延续。作为一种世代相传的体育文化，或是体育情感，或是体育价值，都需要有一定的媒介来承袭、传播、介绍，平面媒体自从诞生以来就一直在承担着这一职责。其次，平面媒体的文化功能表现在对各民族、各地区体育文化的传递与引领，对外来体育文化和其他文化形态的选择和接受上。体育传播的历史中有相当一部分就是异质文明文化的体育传播，平面媒体不管是报刊，还是书籍，在这方面的功能是很突出的。最后，平面媒体的文化功能表现在其对体育文化的隐性创造与发挥上。通过体育文化的传播，媒体开阔了人们的视野，唤起了人们的想象力、创造力，在继承已有文化的基础上，又引领受众去大胆寻求、借鉴、消化与采纳人类新的实践成果，以丰富繁荣人类的体育文化事业。

(四) 娱乐功能

作为体育传播中的平面媒体的传播，其娱乐功能是不容忽视的。特别是在当代的大众传播环境下，传播者和接受者都越来越看重媒体的娱乐性。体育的一个相当重要的功能就是娱乐，现代奥运会创始人皮埃尔·德·顾拜旦在他的名作《体育诵》中，热情洋溢地歌颂体育的娱乐功能："啊!体育，你就是乐趣!想起你，内心充满欢喜，血液循环加剧，思路更加开阔，条理更加清晰。你可使忧伤的人散心解闷，你可使快乐的人生活更加甜蜜!"体育信息的主动受传者有的是因为自己是各类体育运动的亲身实践者，有的则是为体育运动技术的高难惊险、配合的默契和谐、造型的优美诗意所折服，还有的是出于对体育运动明星的佩服痴迷，这些都促使他们对体育信息格外关注。现代社会的工作压力普遍加大，生活节奏也日益加快，这些变化使人们渴望在业余得到充分的放松与休息，大众传媒便成了许多人的首选。与广播电视相比，报纸、书刊各有优缺点，在信息社会的进程中，它们则尽可能地满足受众娱乐休闲的需求。

第二节 中外平面体育媒体的对比分析

平面媒体是最近一二十年才逐渐为传播学界广为运用的一个概念。它的缘起背景是互联网作为一种新兴媒体，以其图文并茂、声像结合、传受互动的立体多维传播，影响了整个传播界，改变了以往大众传播界报纸、广播、电视三分天下的格局。现在，传播学界更愿意用平面媒体、电子媒体、网络媒体去称呼各种传媒。平面是相对于立体而言的，今天的平面媒体一定意义上就是我们传统所说的印刷媒体，它应当包括报纸、期刊和书籍等。

一、西方早期的体育平面媒体传播

古希腊希波克拉底(公元前 460 年—公元前 377 年)在世时，他就著有《关于养生》《关于健康时的养生》等著作；《罗马公报》是世界上较早的公报(公元前 59 年颁布)，上面经常出现有关角斗竞技结果的体育信息。虽然这里提到的书籍、公报都是传播体育信息的媒介，但它们都不是真正意义上的大众传播媒介。

人类历史上很长一段时间内，阅读书籍、接受教育、了解讯息等权利都被少数特权阶层所垄断，体育信息的传播同样不是很畅通。只有在资本主义工商业发展的情况下，大众传播的产生和发展才具有了必要的历史条件。随着社会规模的扩大，社会变动速度的加快，一切国家的生产和消费都变成世界性的了，人与人、地区与地区、国家与国家之间的联系更加紧密，特别是随着新兴城市的崛起，城市人口数量迅速递增，市民对社会的关注程度日益提高，对信息的需求大大增加。为了训练熟练的雇佣劳动者，资本家开办了大批工读学校和贫民学校，这就为大众传播准备了具有一定文化水平的读者群。资本主义的发展还为大众传播提供了交通、邮路、印刷、纸张等物质技术条件的保障。印刷术的发明是信息传播史上的一个里程碑，虽然中国人最早发明了印刷术，却没有将之广泛深入地运用到信息传播中。1457 年，德国纽伦堡出现了最早的印刷新闻纸，这意味着现代印刷报刊的产生。1476 年，英国有了第一架印刷机，以后新闻纸、新闻书、报纸、刊物不断涌现，书籍也开始大规模印刷了。

资本主义的发展和城市的兴起也使人们对体育产生了新的需要。文艺复兴、宗教改革和启蒙运动动摇了教会的教育体系和禁欲主义的身体观，体育在人的发展、教育和社会生活领域中的价值与意义得到充分的肯定和体现。马丁·路德、约翰·洛克、卢梭、斯宾塞等人纷纷阐述了他们对体育的认识与看法，近代体育和体育思想逐渐形成发展起来。

上述社会背景与历史条件便为体育信息的大众传播奠定了基础，创造了条件。德国的古茨穆茨在长达50多年的体育实践中，出版了许多体育方面的著作，其中最著名的体育著作《青年体操》(1793年出版)和《游戏》(1796年出版)被译成多种文字出版。德式体操的创始者F. L. 杨和他的助手艾泽伦合作出版了《德意志体操术和体育场建设》(1816年)，全面阐述他对体操所持的观点。1794—1818年，德国的G. U. A. 维特出版了《体育百科全书》。被誉为“德国学校体育之父”的施皮斯的主要著作有《体操理论》(1840—1846年出版)和《学校体育》(1847—1851年出版)。被称为德国“系统的医疗体育的创始人”的施雷贝尔于1855年出版了他的《室内医疗体操》。

随着宗教约束的减少，在新大陆美国，人们逐渐有更多的机会亲身参加各类娱乐休闲活动，特别是工业革命发展起来之后，人们的生产实践由户外转向室内，他们对赛马、拳击、摔跤等体育比赛的观看兴趣大增，美国的许多报刊也纷纷开始关注体育信息。关于赛马的新闻报道在18世纪末19世纪初已经见诸报端。1829年，美国第一份运动杂志《美国赛马与运动杂志》问世，1831年，第二份颇具影响力的运动刊物《时代精神》创刊。《纽约太阳报》《纽约先驱报》《纽约文摘报》等综合性日报开始相继报道拳击、赛马、板球、棒球等竞技比赛的信息，而且体育信息的内容在不断增加。1873年，《森林与溪流》杂志创刊，这份刊物侧重于报道打猎、钓鱼等户外运动项目的信息。弗兰西斯·里克特在费城创办了《运动生活》杂志，集中刊登全美通信记者的稿件并报道多种运动项目。1883年，近代体育新闻的倡导者、美国报业改革先驱约瑟夫·普利策买下了《纽约世界报》，将之改办成以大众为读者对象的市场型报纸，同时又凭借他对体育信息敏锐的把握，在报社成立了专门的体育部，配备专职的体育记者、体育编辑，以加强该报体育信息报道的力度和深度。1895 年，威廉姆·拉道夫·赫斯特为了扩大《纽约日报》的发行量，专门开辟了一个体育版，之后其他各大报纸纷纷效仿，都增开体育版。20 世纪初，一些发行量很大的综合性刊物和各种妇女刊物也对体育产生了兴趣，这些刊物对体育休闲活动信息的传播受到欢迎，它们是《大西洋》《世纪》《哈泼斯》《斯科里波纳》《科利尔》《美国人》《蒙西》《马克卢》《大家》《周日晚邮》等。

二、我国早期的体育平面媒体传播

我国早在公元前 11 世纪的《尚书·洪范》中，已有论及五福(寿、富、康宁、攸好德、考终命)六极(凶短折、疾、忧、贫、恶、弱)等与身心健康有关的问题，战国末年成书的《周礼》中记载有多种卫生保健方面的措施及射礼、军礼等考核，这些都是我国体育信息传播较早的记录。随着社会的不断发展，体育作为人类特有的文化现象也在发生着急剧变化。现代体育思想在西方确立之后以各种渠道输入中国，加以大众媒体的推进，我国体育事业及其体育传播的形态、规模开始呈现出新的气象。

中国近代最早从资产阶级全面教育的意义来认识和阐述体育的，是近代资产阶级改良主义运动的领袖康有为，他的体育思想集中反映在他的乌托邦式的著作《大同书》里。中国的基督教青年会开始于 1876 年，并在上海成立了第一个青年会，其干事麦克乐在 1921 年后，以东南大学体育科为基地，创办了《体育季刊》(后改名为《体育与卫生》)，另外他还编撰了一些体育运动的教科书。体操是最早传入中国的近代体育运动项目，中国最早的一批体育运动译著也是有关体操的，如 1904 年王肇铉翻译的《普通体操学教科书》《普通体操图说》，1909 年清廷陆军部教练处编译的《体操法》，徐傅霖编著的《体操上之生理》，1911 年徐福生翻译的《体操之理论及实际》，等等。1910 年上海成立了“精武体育会”，该会成员整理、编著和出版了一些武术书籍，如《谭腿》《达摩剑》等。一些刊物纷纷刊登有关体育思想的论文，如 1914 年，我国早期著名体育教育家徐一冰先生，在《体育杂志》上撰文论述“正当体育”为“普及体育之根本”。1917 年 4 月，毛泽东以“二十八画生”的笔名，在“五四”新文化运动的重要刊物《新青年》上发表了论文《体育之研究》。这一时期，陈独秀也在《新青年》上发表文章以阐明他的体育思想。1917年6月，恽代英在《青年进步》第4期发表《学校体育之研究》。

1918年12月9日，长沙《体育周报》创刊(出至50期停刊)。一批影响较大的体育教材和著作在二三十年代问世，如由勤奋书局发行的《三段教材》《新学制体育教材》《小学体育教材》《体育丛书》，另外还有吴蕴瑞、袁敦礼合著的《体育原理》等。1924年8月成立的“中华全国体育协进会”编辑出版了《体育季刊》。1932年1月，天津《体育周报》创刊(抗战前停刊)。12月，《体育研究与通讯》(季刊)创刊(出至四卷一期)。1933 年，《勤奋体育月报》创刊(出至四卷十期)。1940年1月，《健与力》(月刊)创刊(出至六卷二期)。

当然，随着时代的发展，信息传播的进步，今天的平面媒体已经在各方面发生了许多变化，它在体育传播中的状况也日新月异，要很好地了解平面媒体的体育传播，我们应该运用传播学的有关理论对其进行全面而深入的分析研究。

三、西方与我国平面体育媒体传播的特点分析

(一) 西方平面体育媒体传播的特点

1. 依托优质体育赛事

欧洲的体育专业报，最具代表性的要属意大利的《米兰体育报》、西班牙的《马卡报》及法国的《队报》。这3家报纸不仅在本国拥有广泛读者群，在整个欧洲都有很大的影响力。质量将决定一张报纸的生存。经过多年的发展，欧洲三大专业体育报都拥有雄厚的基础，对于采访的各项赛事都拥有一套完整的数据库，再加上采编人员素质较高，决定了办报的高质量。

1896年4月3日《米兰体育报》创刊，报道了当时即将在希腊雅典开幕的首届现代奥林匹克运动会。当时意大利同法国一样非常流行自行车运动，环意大利自行车赛吸引了众多观众，《米兰体育报》对于报道和传播自行车运动和体育运动发挥了积极的作用。在意大利体育新闻史上，对3次重大事件的成功报道奠定了该报的地位：一是法奥斯托·科皮5次获得环意大利自行车赛冠军；二是意大利

获得 1982 年世界杯足球赛冠军；三是法拉利车队获得 1980 年一级方程式赛车锦标赛圣马力诺站冠军。经过一个多世纪的发展，该报的报道范围涵盖了几乎所有的体育项目，并逐渐将足球作为其报道的重心，每期与足球有关的版面占据大半，而关于米兰城两大球队的报道更是该报的最大卖点。2006 年震动整个欧洲足坛的“电话门”事件就是由该报率先披露，并进行了长期追踪报道。如今，《米兰体育报》已经形成集团化运作，隶属于 RCS 传媒集团的《米兰体育报》已成为意大利发行量最大的体育专业报。仅在意大利国内，每期销量就超过 50 万份，读者超过 300 万，成为意大利第三大报纸。

2．品牌经营

随着体育受众获取信息渠道的多元化，单纯的体育报纸已很难满足读者需求，也很难满足报纸品牌效应提升之需。因此，市场化、集团化和多元化已成为体育专业报纸发展方向。诞生于 1946 年的《队报》是法国最具权威性的体育报纸，期发量超过 40 万份，其出色的办报理念和营销策略使其跻身国际主流媒体行列。《队报》经过半个多世纪的运作，已经发展成为一家大型体育媒介集团。除了每天出版发行的报纸，《队报》还定期推出《队报杂志》《赛车特刊》《橄榄球杂志》《法国足球杂志》《自行车杂志》《F1 杂志》等出版物。凭借其悠久的历史及报社数据库里的丰富史料，《队报》还会出版发行一些极具收藏价值的书籍，如《金球先生 50 年》《冠军杯 50 年》等。除平面媒体之外，还有《队报》广播、电视台、网站等。《队报》网站目前已成为法国点击率最高的网站之一。如今《队报》在欧洲和全世界已经成为一个品牌，在国际体坛具有相当大的影响力。西班牙的《马卡报》也拥有自己的杂志，还将自己的商标放到各种商品上，以扩大影响。拥有《米兰体育报》的 RCS 传媒集团业务已触及传媒业方方面面。

随着互联网的普及，一部分报纸读者逐渐转为网络读者，虽然目前欧洲大部分读者仍然习惯买一份报纸，但对于欧洲这些体育专业报纸来说，报纸网络版已成为发展重心。从三大体育专业报建设的网站来看，这些网站已经脱离了单纯的报纸电子版限制，而是即时更新内容，增加互动栏目，大有成为体育门户网站之势。随着点击率的不断提高，网站广告收入得到保证，报纸品牌也随之提升。

3. 版面设计现代化

20 世纪 50 年代以后，电子媒体和网络媒体的发展，迫使纸质媒体不断更新版面，增强视觉冲击力来吸引受众。欧洲著名三大专业体育报之一的西班牙《马卡报》，在这方面取得了成功经验。《马卡报》是西班牙非常畅销的体育报纸。该报纸以报道足球赛事为主，辅以其他方面的体育新闻，信息来源广泛，经常第一时间发布爆炸性新闻，受到全世界球迷的高度关注。《马卡报》初期为周刊，创始人马努埃尔·费尔南德斯·库埃斯塔曾是《图片》周刊业主。《马卡报》最早的版式就受到装饰艺术影响，在当时成为具有强烈视觉冲击力的周刊。

1942 年 11 月 21 日，《马卡报》改为 8 版 7 栏对开本日报，采用生产烫画纸的机器进行双色印刷。20 世纪 40 年代末，图片扮演了重要角色，头版图片的位置比文章更醒目，头条插入粗黑体大标题，视觉效果的提升令报纸发行量日渐攀升。1988 年，报纸图片全部采用彩色印刷，Macintosh(麦金塔电脑)完善的出版系统让读者看到大幅图片报道与现代感极强的新潮排版。

20 世纪八九十年代，凭借突出视觉语言的设计，《马卡报》成为欧洲体育报界领军报刊之一，其抓人眼球的报道风格充满热情，短时间内读者群迅速扩大，国内、国外的竞争对手相继模仿其版式设计。1995 年，《马卡报》采用 Interstate 字体，重新整理版式，使日报更现代化；1997 年设计部和维加传播工作室共同开发新的设计版式，使报纸维持全球领先的设计水平；2002 年，面对不断变化的市场和势不可挡的形象力量，报头“Marca”由首字母 M 替代，成为报纸标志，“M”从此成为这份日报的旗帜，两年后摘得“最佳日报设计奖”。2007 年，《马卡报》被发行西班牙《世界报》的联合出版社收购，转而呈现高雅的传统风格。《马卡报》在体育新闻传播中，使体育与艺术完美结合，使美得到进一步深化，更加吸引广大读者。

4. 报道深入

随着体育运动的普及和发展，社会各阶层、各行业的体育新闻读者不断增加，为了满足受众对体育新闻的需求，近些年在欧美和世界各地流行体育的深度报道方式。深度报道方式主要是运用解释、分析、预测等方法，从历史渊源、因果关系、矛盾演变、影响作用、发展趋势等方面报道体育新闻，包括解释性报道、调查性报道和系列报道等，其特点是篇幅长、题材大、涉及方面多，文章结构较一般的报道深入、复杂。由于美国国内体育赛事转播密集，记者所采写的稿件大多注重深度、信息和文采，不拘泥于比赛过程。美国的《华盛顿邮报》和《洛杉矶时报》体育新闻中的深度报道约占30%以上。记者在一场比赛后的稿件一般都是一篇，最多两篇，侧重提炼赛场新闻。稿件中必有足够的引语、新闻背景以及在事实基础上的分析、议论，尽量为读者提供电视所不能提供的信息，或者角度不同于他人的报道。记者一般与教练员、球员既保持较好的关系，又不至于打得“过热”，以免失去报道应有的客观公正。纸质媒体通过增加体育深度报道和评论内容，提高体育新闻传播的竞争力。

（二）我国平面体育媒体传播的特点

20世纪80年代以来，我国平面媒体为了适应体育的快速发展，积极地进行体育传播。专业体育报刊多在这一时期兴起，体育专业性报刊和期刊数量激增，全国各省市的综合性报纸不仅大都有体育版或专栏，而且体育新闻报道走在新闻改革的前头，不断改进内容，提高宣传质量，日益受到人民群众的欢迎，报刊发行量也呈逐步上升趋势。大量的体育报道，造就了一大批体育新闻传播工作者，他们的辛勤劳动，为体育新闻赢得了大量的读者，为体育的发展和国民体育文化素养的提高做出了积极贡献。

1．以竞技体育报道为主

20世纪80年代以来，平面媒体体育传播的一个重要特点就是以竞技体育新闻报道为主体。究其原因：一是竞技体育最具有新闻性。竞技运动最大的魅力和最显著的特征就是竞争的激烈性和竞赛结果的不确定性。在竞技运动的比赛中，无论是两强相遇还是强弱相对，其比赛结果都可能出人意料而使其充满悬念。正是这种悬念性，使竞技体育比赛最具有新闻性。新闻理论曾阐释这样一个道理：新闻价值的体现，关键在于该新闻是受众欲知、应知而未知的事实，越是受众想知道又无法预料的事实，越能吸引受众，越具有新闻性。体育新闻亦如此。二是竞技体育有丰富的新闻源。20 世纪 80 年代以来我国竞技体育得到快速发展，竞技体育的赛事频繁且运动项目多样，平面媒体对这些赛事都进行过相关的报道。如《中国体育报》对 1983 年第 5 届全运会报道为 371 篇，1987 年第 6 届全运会报道为 692 篇，1993 年第 7 届全运会报道为 548 篇，1997 年第 8 届全运会报道为 564 篇，2001 年第 9 届全运会报道为 1 175 篇，2005 年第 10 届全运会报道为 682 篇。正是竞技体育竞赛的悬念性，竞技体育运动赛事的丰富性，竞技体育运动竞赛项目的多样性，使竞技体育每天都可能有绝不重复的报道内容，竞技体育的信息源源不断，吸引着热爱与关注竞技体育的受众，使其成为体育新闻版面的主要内容。

2．突出明星运动员和金牌效应

在我国竞技体育的报道中，突出明星和金牌效应，如 20 世纪 80 年代中国女子排球队，在世界杯、世界排球锦标赛和奥运会上 5 次蝉联世界冠军，成为媒体报道的焦点，中国女排队员郎平、孙晋芳、张蓉芳等，都成为那一时代的风云人物。20 世纪 90 年代是运动员“夺冠感言”变化最大的时期，在这 10 年里，运动员们第一次“张开口说话”，接受外国记者的采访。1994 年初，王军霞获得了田径运动员的最高荣誉——欧文斯奖，并被要求穿晚礼服出席。领奖时，王军霞浑身颤抖，仅说出一句，“很高兴获得这个奖”。通过和镁光灯、话筒的无数次较量，他们开始有意识地学习如何面对媒体、如何表达自己，使体育报道更加鲜活、生动。1996 年亚特兰大奥运会，王军霞变得大胆多了，夺冠后她从一个留学生手中拿到一面国旗，骄傲地将国旗披在身上，绕场跑了一周，这一镜头感动了无数中国人。

进入 21 世纪后，网络日渐发达，体育名将们已化身为时尚、有个性的明星，这些“明星”不但敢说话了，而且不少人能说会道。“80 后”的杰出代表刘翔，就比较能“侃”，常年在 NBA 打球的姚明早学会了美国人的幽默。

3．受众群体量大，体育报道分类更精细

体育媒体细分化运作是媒体贯彻受众本位、市场导向观念的产物和体育媒体生存竞争及发展的基本策略。20 世纪 80 年代，随着中国体育与世界体坛交流的日益增多，中国的竞技体育越来越成为全社会关注的领域。至 20 世纪 80 年代末

90 年代初，一些综合性报刊纷纷开设了体育版面。如《人民日报》在 1987 年第 6 届全运会举办之际，将科教、文体版改名为体育版，全力进行全运会赛事报道。同时《中国体育报》的“行家看球”“新闻人物专访”“观察家”，《人民日报》的“观察哨”“行家琐语”等栏目，邀请著名的文艺界人士在赛会期间开设专栏等。另外，报纸和杂志为了增加报道的可视性，突出体育新闻图片的作用，通过体育图片展现运动的力与美，将运动员最精彩的瞬间呈现给读者。报道栏目的进一步细分和报道形式多样发展，说明报纸已经开始重视受众的需求。

20 世纪 90 年代是中国体育的大发展时期，竞技体育成为中国社会生活中的一个重要组成部分，其影响力也越来越大。这个时期越来越多的人和媒体关注和报道体育，体育媒体的细分化局面开始显现。

20 世纪 90 年代后期，正是新一代体育迷的成长时期，在之前的一个很长时期里，中国体育爱好者以男性为主，到了这个时期，一些女性喜欢上体育，新一代体育爱好者给了体育明星偶像级待遇。这些人对媒体的体育报道有强烈的需求，体育读者的需求促进了体育传媒的快速发展。同时，强大的体育传媒也造就了一个巨大的体育人群。在这个庞大的体育人群中，大部分是 18~35 岁、热爱体育运动、关注体育界各方动态、乐于体育消费、有相当知识层次的城镇男性群体，其中又以 20~30 岁为主体。这一年龄段的人生活负担较小，有较多的自由时间和精力。他们渴望了解最热门的体育事件、现象、人物，渴望了解一些流行项目和时尚运动，渴望了解实用健身健康指导、体育用品动态、体育科技新知、国外流行趋势等信息。许多人是在大学时期养成了体育锻炼的习惯，工作后，锻炼时间减少，但他们依然保持着对体育的热爱。看体育赛事转播、看体育报纸是其业余时间的主要选择。

调查表明，对于大多数知识水平高、有较高收入的体育爱好者而言，爱好和需求都是广泛的，他们关注足球，也关注篮球、乒乓球、围棋；看世界杯足球赛，也喜欢奥运会；看体育比赛，也关注幕后实情；愿意了解真实的明星，也更在乎自己的健康；乐于了解最新的时尚流行，也肯花钱、花时间来健身。报纸媒体为了适应读者的需求，专门体育报纸纷纷创刊并设立多种体育栏目，综合性体育报纸设立体育版和相应的栏目。体育期刊根据市场需要扬长避短，走细分市场之路，如《搏》《健与美》《网球天地》《中国钓鱼》《足球》《足球之夜》《足球俱乐部》《篮球》《篮球俱乐部》《灌篮》等体育类期刊都经过了细分化专业的道路来拓展市场。

在体育期刊繁华的表象背后，也隐藏着危机。体育类报纸和期刊目前竞争激烈，但整体竞争能力却不是很强，这也要求其在自身的发展中加快改革步伐，否则其受众将会被电视、网络、手机等诸多媒体分化、蚕食，导致读者群减少。体育类报纸和期刊要适应市场的需求，不断满足读者的各种需要，改革创新，才能得以健康发展。

第三节　平面媒体在体育传播中的变化与趋势

体育传播必须适应时代的步伐。由于信息需求的猛增、知识更新的加速，体育类书刊出版发行的速度不断提高。体育刊物以前大多是以双月刊、季刊为主，现在刊期在不断缩短。从刊物的品种来看，大众类体育期刊的数量增长率明显要高于期刊总体增长率，热点项目的体育期刊数量一再增加。就期刊的容量而言，许多刊物用扩版、增页、改字号等方式来扩充容量。体育类书刊传播信息的内容日益细化，针对不同的接受群体，选择贴近受众、贴近生活、贴近实际的各类体育信息，强调媒体的服务功能，重视受众的反馈情况。此外，书刊的编排手段日益现代化、规范化，设计新颖，装帧精美，出版社、杂志社纷纷采用先进的编辑排版系统，印刷质量明显提高。从信息传播符号来看，除使用文字外，书刊对照片、绘画、图表等符号的选用逐渐增多，特别是大众类的体育刊物，图片、彩页更是不可或缺的重要符号。

虽然书籍是古老的媒介，但在平面媒体的大家庭中，报纸向来被排在首位，其次是刊物，最后是书籍，因而探讨体育传播中报纸的特质，具有重要意义。

一、体育传播理念

新中国成立后，从我国报纸的运行轨迹来看，它的传播理念发生了清晰的变化。在当时特定的社会背景下，作为平面媒体的一支重要力量——报纸在相当长的一段时期内并未将传播信息、沟通情况看成是它的首要功能，而是把舆论导向、宣传说服放在了传播功能的首位。在体育传播领域，这种传播观念同样不可避免。围绕我国的政治主张、百姓的民族感情、伦理的评判体系，报纸的体育传播十分强调它的指导功能、说教功能。在报纸上出现的许多优秀体育报道也充分体现了这一传播理念。比如中国女排夺得世界冠军，许海峰打破我国在奥运史上的金牌零记录等体育报道，在当时的确起到振奋精神、鼓舞人心的作用。即便在今天，这类信息在体育报道中仍然是举足轻重的一部分。

提及体育报道，有些受众的第一反应仍然是万众瞩目的赛场、扣人心弦的比分以及用汗水、泪水、血水铸就的金牌梦、冠军路等。不过，这世界唯一不变的是“变化”，在体育传播事业和新闻报道突飞猛进的当今，体育传播理念日益更新，体育信息的范围、体育报道的领域大大拓宽。在新生代体育传播者和受众眼里，体育不仅是一种锻炼身体、增进健康、增强体质、提高运动水平的社会活动，它还是一种文化现象，更是人类生命历程及其历史文明的折射和反映。有记者曾感慨：“体育记者的笔触应该拓宽外延，挖掘内涵，透过五光十色的体坛现象，由表及里，在体育报道中写出辩证道理，写出人生感悟。”持有这种报道观，体育记者的写作视野、报道天地便豁然开朗，固有的障碍、藩篱被拆除，原本是边缘或是无人问津的信息，经过记者的透视、拆分、重组便成为体育报道中一道道亮丽的风景，而用全新的视野来审视传统题材，其作品的意蕴也就更加耐人寻味。

2002 年世界杯期间，《体坛周报》“飞跃 BOOM”特刊在 6 月 3 号做了一版专题，该版以图文并茂的形式触及了一个令人深思的话题：足球给孩子们带来了什么？这里既有牵着偶像巴蒂斯图塔入场，忍不住掩面而笑的日本小球童，又有暂时忘却了硝烟和战火，在简陋空地上踢球的阿富汗少年，既有为巴蒂投球破网在酒吧振臂狂呼的白人小女孩，还有亲手缝制出最好的足球，却无法体验足球欢乐的巴基斯坦童工那绝望控诉的目光。幸福的背后总有不幸，欢乐之后也会有悲伤，为了镜头前的孩子，在世界杯滔天的呐喊声中，记者正力图用最真诚的笔触去谈人性。上海《青年报》“世界杯早刊”6 月 16 号(星期日)有个专题为“父亲节快乐!”上面不仅载有“记忆中的父子片断”以及众球星与儿子在一起的照片，还有寄给世界杯里的父亲的一封信，报纸足足以两版的报道量献给足球场上那些父亲和世界上所有的父亲。受众在此中品味到的是情真意切的人文关怀。

体育是和平年代的战争，是微缩的人生舞台，有了人文情怀宽厚背景的支撑，又有了心路历程纵深哲理的积淀，体育记者笔下奥运金牌榜的名次、大小赛事的战况等硬性信息已不再单调乏味、生硬突兀。他们在传递体育信息的时候，着意展示人性的方方面面，力求让每个受众都能从体育赛场、体育报道中找到属于自己的那一部分。勇敢地面对、默默地前行、艰辛地追求，失败时的落魄、成功时的狂喜，绿茵场上的故事一次次被诠释、演绎成人生的启示录和生命的箴言篇。

记者时而扎进赛场，时而又置身于场外，场内场外犹如人生舞台的上上下下，不管立足于何处，人的精神、情感、品性在他们笔下总能找到一个关照的窗口。在直面现实的记者眼里，球队、运动员、赛场、俱乐部不再是一个个孤立静止的报道对象，假球风波、黑哨事件、转会争端、出场名单，更不是什么偶然事件，他们以体坛现象作为切入口，真实客观地放大人类社会的缩影，合理审视人的生命状态与习性需求。在人生要义的坐标体系与人本位的套架结构中，诸多体育信息有了自己的定位，体育报道的精髓也得以凸显。我们从今天的体育报道中，除了看到刺激、动感与一派硬朗外，还体悟到了人文、人情与博大精深。

大众传播的功能之一就是提供娱乐，体育传播的娱乐功能更是非同小可。关于这一点，以往的体育传播、体育报道总是相当谨慎，因而在进行传播时，多了一份沉重，少了一份轻松。用体育报道来放松心情，舒缓紧绷的神经，以获得消遣自在，无疑是许多受众为自己减压的一个有效途径。让受众轻松休闲的需求在接受传播时得到最大程度的满足，也是体育类报纸为之而努力的一个切实目标。一段段幽默俏皮的文字、一张张激情飞扬的彩照、一次次痛快淋漓的点击，带给受众的是心灵的放飞，精神的愉悦。

在社会文化多元、群体认同多极的生存空间里，体育信息、体育报道在承载传播功能时具有特殊意义。体育传播的冲击力在于其个性化，在于疏导竞赛心理，升华争斗情绪，以及它在提升精神追求方面的显性作用和前场位置。

二、体育传播信息

多渠道的即时信息，自由灵活的开放思维与交流，是报道创新的必要条件。全方位、多角度、立体化的体育报道已为多数体育记者所青睐。世界杯前夕，《羊城体育》“戳穿世界杯”特刊就以32强全数据的版式，对进军世界杯的32支足球队进行了全方位的扫描。除了国际足联最新排名介绍及其分组结果，各队外围赛、友谊赛、各洲杯赛等大型赛事的时间、地点、对手、比分一览表悉数奉上。此外各队球星的大幅照片及其主帅语录也占据了显要位置，一拼高低。直观、周全的报道使各组形势尽收眼底，更把即将到来的大赛烘托得紧张激烈。

中国体育报刊中期发量最大的综合性体育报《体坛周报》明确提出，除了有“更快、更高、更强”，还要有“更深、更新、更精”。针对中国国家足球队在世界杯上的3场比赛，该报一篇篇国家队兵法阵容剖析，令读者目不暇接。一篇名为《用显微镜透析巴西》的文章对巴西“352”阵型进行了极其细腻的分析：其豪华的前锋线、有大漏洞的中场、一味死守的中后卫，尽在作者笔下。

在广播、电视迅速发展的今天，报纸也在不断调整自己的报道内容与报道模式，尽其可能满足受众对信息的需求和方便受众对体育信息的接受。在探索实践的过程中，深度报道这一新的报道模式应运而生。报纸的体育报道也从对体育人物、体育赛事的单一报道而延伸到更大的空间和更深的层次。时间维度上的体育信息内容的过去、现在、将来，以及空间跨度上的人物所在地、事件发生现场，包括场外的其他任何一个相关的角落，这些都不会被轻易放过。与体育报道信息有直接、间接联系的任何一个人、一件事、一个细节、一份资料，都被合理、科学地组织与安排，清晰展示新闻的来龙去脉、起承转合、意义内涵。解释性报道、调查性报道、预测性报道、系列报道、组合报道等都是常见的体育传播的深度报道类型。《足球》2003年8月25日第24版整版以组合报道的方式，将“德甲四十年”作为专题，从各个角度报道了这座“工业足球的丰碑”。《南方体育》2003年7月25日第6、第7版则揭示了中国地下赌球业的方方面面：赌球的渠道、赌资的高低、赌球的地点、参赌的人员、涉及的赛事，让读者对国内赌球现象有了一个深入全面的了解。当然，并非所有体育信息都适于深度报道的模式，如果本就清晰、明了的事实非要给它添枝加叶、东拉西扯，那么只会画蛇添足、弄巧成拙，这样不但减损了新闻的价值，也使读者不堪重负。有些短平快的体育报道就很合读者的胃口，也顺应阅读的节奏，向来受到人们的欢迎。

体育作为一种社会现象，它与政治、经济、科技、历史、军事、卫生、艺术等有着千丝万缕的联系，“体育报道也应当反映体育的全貌，这就需要更多地跳出体育写体育”。事实上，许多体育记者早就开始了这种写作路子的探索，他们通过种种尝试将体育报道从狭窄的地带引入了广袤的天地。新的视野、新的角度、新的切入口，为体育报道不断注入鲜活之水。体育信息已从单一走向多元，纯粹的体育报道已不再是体育报道的全部。今天我们可以在色彩专家的指引下去品味各国球队队服的色彩，通晓醒目、现代、清爽的色彩意味着什么，还可以在颇有政治家眼光的体育记者笔下，略知国际足联内部的一些情况。口蹄疫、疯牛病给体育赛事带来的恐慌，科学技术予以体育运动的支撑，经济势力对体育赛事的操纵，以及从对足球文化、体育文化的合理批判去看不同国度、不同社会形态的价值观等，这些体育报道无疑使今天的体育信息更加立体、丰满。

三、体育传播手段

正如体育比赛那样，体育报道既渗透着活力，又面临着挑战，这是新闻界一块充满变革和创新的试验田。

（一）报纸的版面

版面是报纸各种稿件的编排布局，是由编辑设计的报纸的整体结构和表现形式。版面虽然在体育传播中不占主导地位，也不具有支配功能，但却是影响体育报纸信息传播的一个重要因素，它的作用不容小觑。读者在阅读报纸前对报纸所传信息并不清楚，因而编辑总是以稿件在版面中所占的空间、位置以及与其他稿件的分配组合来传递其编排意图，帮助读者获得一定的信息。一个好的版面不但要保证读者获得重要信息，而且要有助于读者在短时间内快速找到他们需要的、感兴趣的信息。一些深受读者欢迎的体育报纸，它们都有自己固定的读者，这部分读者熟知编辑们的思路，他们能根据报纸的版面安排，推知哪一部分是主要信息，哪一部分是次要信息，要获得某一运动项目的信息应该去哪一版、哪一栏寻找。如果报纸对各种类别的体育信息不加区分，将其任意堆放罗列，那么整个报纸就会变得杂乱无章，阅读过程就会受到阻碍，传播效果势必大打折扣。

报纸的版面是报纸传递信息的一种手段。人们总希望以最便捷的方式、最小的代价来获得最大的报偿。导读功能的运用就是体育传播由传者本位向受众本位转变的结果。随着厚报时代的来临，诸如《中国体育报》《足球》《南方体育》等专业类体育报纸，都不约而同地开设了导读的服务。《足球》在 1 版除了 1～2 篇重量级文章外，其余就以链接式的标题来引导受众。

版面不仅能帮助引导读者去获取信息，同样也能体现该报的风格与特色。这里有几个与版面相关的编辑术语：

(1) 报头：报纸第一版摆放报名的地方，通常是在该版的左上角或上端的中央。报名下方一般是报纸的出版日期、刊号、出版单位、所属报业集团、总期数、总编或社长等。致力于足球报道的《足球》报，它的报头以足球场的草绿色为底色，其上是部分重叠的地球两个东西半球的图形，白色的水面，绿色的陆地，鲜红的“足球”两字分跨两个半球，格外醒目。

(2) 报眼：报头右面的小块版面。体育类报纸在这里主要刊登一些重要新闻或者内容提要、新闻导读，有的体育报纸则利用这片空间刊登广告。

(3) 版序：报纸各版的次序，既指版面先后的顺序，也指版面轻重的顺序。一般情况下，读者首先看的是第一版，因而这一版常被编成要闻版，最重要的信息都放在这一版。按最简单的一份两张重合折叠报纸来分，其中一张报纸的外页分别是该报的 1、8 版，内页为 2、7 版，另一张报纸的外页分别是 3、6 版，内页是 4、5 版。此外，有的报纸是一份报中数张报纸单独折叠，即第一张报纸的外页为该报的 1、4 版，内页为 2、3 版，第二张报纸的外页为 5、8 版，内页则是 6、7 版，以下可以依此类推。

(4) 版位：新闻的文字、图片在版面中所占的位置。一般情况下，横排报纸的上半版的优势要强于下半版，左半版要强于右半版，左上版要强于右上版。通常情况下，右下版要强于左下版，这是由读者阅读报纸的习惯决定的。

(5) 头版头条：这里是指报纸第一版的第一条消息。目前体育报纸之间的竞争异常激烈，各报总是将独家消息、拳头新闻，或者所谓的猛料作为头版头条，将之摆在报纸第一版的左上版或上半版，以此来吸引读者，凸显热点。能否推出新闻价值颇高的头版头条，在某种程度上也说明该报纸的采编水平与办报实力。

很少有哪一种报纸的栏目办得有体育类报纸那样生动活泼。除了要闻、视点、聚焦、综合新闻这些其他报纸常见的栏目外，体育报纸的栏目可谓层出不穷，诸如“传奇金杯(悬案)”“深入敌后”“悲情国际”“兵临城下(攻略、侦察、情报)”“战星别传”等特色栏目不断推陈出新。在体育报道的受众当中有一个群体是举足轻重的，那就是广大球迷，他们不分性别、年龄、职业、受教育程度，一往情深地关心、追随着体育，注视着体育信息的瞬息变化，于是传受互动便成为体育新闻界一个永久的话题。各家体育媒体都不遗余力留出版面让读者一吐为快，尽可能让一些球迷参与进来。《足球》报曾经有一版叫球迷英雄会，在这儿“巴迷会”“荷迷会”“意迷会”都有其发言人，在竞选球迷协会主席的激励机制下，选登一些文思俱妙的文章，当时该版是《足球》报吸引眼球的一块红火天地。“海上足谈”“时尚互动”“虚拟剧场”“漫画连载”等栏目也成了有些体育报的座上客，在这里记者与球迷或是唇枪舌剑、激扬文字，或是展开联想的翅膀，任自己的才情、思绪飞扬，体育报道酣畅淋漓、动感十足的风格跃然纸上。

专栏，是报纸上专门刊登某类信息的版区，有固定的名称和位置，具有相对的独立性和相当数量的忠实读者。在体育新闻读者向来推崇的《体坛周报》上，不管是球迷，还是棋迷，都可以在专栏找到自己感兴趣的信息。“射门中国”“冠军联赛”“射门欧洲”“射门世界”“扣篮 NBA”“点击棋界”“环中国”“环球”“特别视点”这些专栏的成功设置，使《体坛周报》当之无愧地拥有信息量大、内容丰富、真实客观、报道及时的美誉。

体育报纸的信息传播还表现在对字符、线条、色彩等传播手段的灵活运用上。比如体育类报纸对色彩的选择运用就特别讲究，心理学家的实验证明色彩能够影响人的情绪，红色使人兴奋冲动，蓝色使人平静稳定，暗色使人觉得沉重，亮色使人觉得轻松，淡的颜色使人觉得柔和，深的则使人觉得强硬。越来越多的体育报纸都将第一版打造成引人注目的彩版，除此之外有的报纸还开辟有彩色内页，编辑、美工们在颜色上动足脑筋。肤发、队服、球场、跑道、看台，都是报纸可以着色的地方。用色彩传情达意，美化版面，同时也给受众呈现一个精彩纷呈的体育天地。

（二）标题

新闻标题就是新闻的题目。就报纸而言，不管是记者还是编辑都十分注重标题的制作。所谓望题而知文意，以简练明了的文字从新闻事实中抽取最有价值、最重要的信息来提示读者，以标题自身具有的新闻要素来引领读者的阅读，是新闻传播的基本特点。从含蓄到直露，从板滞到动感，从严肃沉重到诙谐俏皮，或对仗平稳、整齐匀称，或陡起陡落、摇曳多姿，大众口语化的、一问一答式的、数字任主角的、悬念高挂型的，在清楚表达文义的前提下，体育新闻的记者编辑不断迎合读者的口味来调整标题的制作思路与风格。

大众传播心理学中涉及的说服策略之一就是利用各种情感的诉求，使受众屡受传播，以达到传播者的预期目的，正如前面提到的体育信息的指示功能，传播者对受众的心理影响是不言而喻的。体育新闻牢牢地把握住读者的阅读心理，在新闻标题上极尽煽情之能事。读者在阅读过程中时喜时悲，时而惋惜，时而叫好，在种种错综复杂的心理活动中实现对体育新闻信息的获取，并由此形成自己的评判和因此发生的态度上的转变。

体育新闻的标题在编排手法上也在不断创新。从形式上讲，标题有很多种，如一行标题、两行标题、三行标题、多行标题等。以往的报纸比较喜欢制作“引题+主标题+副题”这种面面俱到、结构完整的三行标题，但随着现代生活节奏的加快，受众信息接受渠道的增多，这一编辑思想已不再占据主导地位。体育新闻更是走在标题创新的前列，干脆利落的一行标题成了许多编辑的最爱。如“霍氏三套车跑在冰河上”“伤!伤!伤!!!三线告急”“法网男双：这对兄弟不简单”，这些标题在激发读者阅读兴趣的同时又使他们在精神上得到了愉悦和满足。

体育新闻标题在修辞手法上的运用，为体育信息的传播开辟了广阔灿烂的天地，比喻、拟人、双关、设问、借代、复叠、对比、拈连……贴切传神、生动形象的体育新闻标题以其优美的形式，吸引读者的目光，激发读者的美感。

此外，标记在版式的设计上也颇花心思。前几个字用宋体，后边则改用幼圆，前边用的是四号字，后边又变为小二号字了。编辑通过此类编排手段产生对比效果，从而强化突出标题中某些重要的新闻事实，以吸引读者的注意力。有时标题还会选用不同的颜色来传情达意，如除了黑色以外，还将部分的字、词、句点染成蓝色、红色、棕色、绿色等，或者几种色彩并用。这样的处理一方面能使标题和文中信息对照映衬，另一方面又使版面活力四射、富有层次，读来赏心悦目。

体育新闻标题目前较常见的是横题，也有少量竖题，位置却不拘一格，或居左或居右。另外，有的将同一张报纸的内页两个版打通，让长长的大标题横跨其中，以提升该报道在整份报纸中的地位。还有的则是将标题置于照片和文稿之间，起到让版面有间隔和透气的功用。

（三）报道的文体和语言

除了消息、通讯、评论这类常见的文体之外，各种体裁的文章都得以在体育信息的传播中尝试。《足球》报曾经连续刊登的“足球名记五洲行”给人的印象特别深刻。报纸专门开辟出两版，以足球作为主题，随着记者足迹的迁移，奉献给读者的是一个又一个精彩的足球天地：耐人寻味的足球文化，光芒四射的足球明星，挥之不去的足球情结，有传奇、美文、随笔、手记、人物志，或清新洒脱，或简洁老辣。此外，体育报道的体裁也不再像以往那样泾渭分明，中规中矩。有些报道说它是消息，却没有普通新闻的基本格式，说它不是消息，里边的信息却极其丰富。既有新闻又有评论，述评结合的体育报道，记者爱写，读者也爱读。还有些报道，很难称之为文章，那分明是诗兴的勃发，是只言片语的排列。体育报道的体裁已逐渐淡化，所设栏目及图文编排，都以受众的最佳接受为要旨，而既注重读者知情权，又不乏亲和力的报道形态，正引领着体育报道不断前行的步伐。

当前体育报道更加重视读者个人意识的觉醒和受众地位的提升，其信息传递也不再囿于 5 个 W 和 1 个 H，率真、个性、实用的写作方法受到欢迎。以个人的体验、视角、感受作为切入点，模拟受众在现场目击新闻事实后的特殊心理，让受众感到这就是为己而发的体育报道，这就是为我而举行的比赛。叙述人称也从以前较多使用第三人称发展到一、二、三不同人称的穿梭往来。记者有时从一个饶有趣味的话题、现象娓娓道来，有时又用古典名著来点评赛场风云，或是以旅行家的眼光领略各地体育风情，甚至时下流行的影视人物都能成为他们篇章的穿针引线者。一些国际经典影片在体育报道中也有了新的版本，记者们为它们在球场上选定了一班新的人马来担任“编剧”“导演”与大小“角色”。

体育报道的不拘一格还体现在对话语的使用上，似乎没有哪一类专业报拥有这么大的自由度，用“拿来主义”形容体育记者跨域的话语分享，一点也不为过。军事、医药、宗教、天文、地理、绘画、音乐、影视、动物、植物，不一而足，不管它是哪门学科的专业用语，只要写入文章觉得妥帖，能准确到位地把信息、观点传出就行。赛场是没有硝烟的战场，体育比赛具有激烈的竞争性、排他性，从某种意义上来说甚至还有残酷性。对垒、抗衡的双方要凭借自己的实力、意志与智慧，通过一定的技、战术手段才能最终胜出。因此，体育似乎与军事有着天然的相似性。记者、编辑常选用一些兵家词汇、军事术语，将其嵌入文中。体育报道中充满刀光剑影，体育信息总伴随鼓角争鸣也就顺理成章了。

体育记者也顺应着人们对青春活力、休闲愉悦的需求，毫无顾忌地迈出体育领域，去寻觅为我所用、为读者认可的作品原料。清修、脉动、图腾、探戈、防空、封刀、双子座、提款机……这些本来与体育毫不相干的词语，一旦被记者化入文章，竟有异乎寻常的效果。有关自然景观、生活习俗的方言俚语则被体育记者用得活灵活现，如称篮球场上抢断球为“偷荷包”，切入前左右运球叫“左插花、右插花”，足球场上踢入自家球门的球叫“乌龙球”，球员在一场比赛中踢进两球甚至三球，则就上演了“梅开二度”与“帽子戏法”。至于历史典故、诗词歌谣等则更是俯拾皆是、遍地开花，为体育报道平添了几分文化底蕴。

（四）报纸的图片

图片是指报纸上的照片、漫画、插图、图表等。随着读图时代的到来，编辑们一改图片是文字辅助手段的认识，对之进行突出、强调处理。与文字相比，图片具有自身的优势，它有比文字更强的视觉冲击力，通过线条的流动、色彩的搭配、明暗虚实的变化组成可视的形象，有层次、有深度、有意蕴，在一定程度上弥补了文字难以承担信息传播功能的某些局限，使读者在瞬间表现的形象中，犹如置身于现场。体育传播尤其离不开图片，所谓“非笔墨所能形容”，目前体育报纸的图片数量越来越多，所占版面空间越来越大，它们或与文稿相映生辉，或是独立自居，或是组照排列，有时甚至在风头上盖过了文字，在版面上大放异彩。如果除文字报道之外，再配上若干现场照片，传播的生动性、直观性马上大增。一般受众所关注的大多是体育信息中的赛事信息，如一场精彩激烈的比赛，一个魅力十足的明星，足球射门的一刹那，选手冲刺的一瞬间，体育图片将镜头定格在一定时空，极尽能事地演绎运动员的健、力、美，充分展示体育的动感、诗意、和谐，加以报纸印刷质量的提高，这类图片都具有可观的眼球效应。在传播体育信息的同时，又美化、活跃了版面，满足、愉悦了受众。

第三章　体育传播与数字媒体

第一节　数字媒体及其传播特点

一、数字媒体的含义与发展

（一）数字媒体的含义

大众传播媒介，亦称大众媒介，包括报纸、杂志、书籍、电影、广播、电视，并称为当今六大媒介。

通常从大众传播学的角度来分析，大众传播媒介又可分为两支：平面(或称印刷)媒介与声像媒介，前者包括报纸、杂志、书籍，而后者则涵盖了电影、广播、电视。其中广播和电视又称为电子(波)媒介，因此本章对数字媒体的论述将集中在广播和电视上。

从广义上说，广播包括声音广播和电视广播，即指通过无线电波或者导线来传送声音、图像的信息工具。从狭义上说，仅指声音广播(本文中出现的“广播”都指狭义的)。从传输技术手段的不同来看，广播和电视又可分为两类：以无线电波来传送节目的无线广播和无线电视；以有线网络传输信息的有线广播和有线电视。

广播电视是20世纪最伟大的发明之一，是顺应社会政治经济发展的需要而产生的，而它们的出现又极其深刻地改变着人类社会生活的各个层面，也使得人类的新闻传播业发生了巨大的飞跃，即由以平面传播为主的时代，进入了一个印刷传播与电子传播交相辉映、共同发展的新时期。

（二）广播电视的诞生与发展

1．广播的诞生与发展

像所有科技进步一样，广播的出现是众多科学家反复实践、长期累积的结果。其间经历了若干个阶段：

第一阶段：无线电波的发现。引领无线电领域的第一位科学家是苏格兰人，著名的物理学家詹姆斯·克拉克·麦克斯韦(James Clerk Maxwell)，他于1864年提出了电磁波存在的理论，并做出了放射性电磁波可无线传送的论断。之后德国物理学家汉列里奇·赫兹(Heinrieh Hertz)从1884年开始按照麦克斯韦的理论从事研究，先后提出了产生、发射与接收无线电波的方法，并发明了测量电磁波波长的科学方法。

第二阶段：无线电传送信号成功。1895年意大利发明家马克尼(Marconi)与俄国科学家波波夫(Alexander Stephanovitch Popov)几乎同时发明了无线电收发技术，马可尼还将无线电收发技术推广到全球各地，1901年他成功使无线电信号穿越大西洋，从此无线电通信进入实用阶段。

第三阶段：无线电成功传送声音。在无线电通信的基础上，人们研究并逐步解决了运用电磁波来负载声波的种种技术难题。1906年美国科学家李·德弗雷斯特(Lee de Forest)在二极管的基础上增加了“栅极”，发明了“三极管”，它能极大地增益电信号的强度，改善传输收听效果。同年圣诞节前夕，匹兹堡大学教授雷金纳德·费森登在马萨诸塞州的实验室里做了简短的节目广播，效果良好，此后又有不少人做了类似的实验广播。

第四阶段：电台广播的诞生。世界上第一家广播电台开始于1920年的美国，当年的11月2日威斯汀豪斯公司创办于匹兹堡的KDKA电台开播，这是第一个向政府领取营业执照的电台，它被认为是广播事业诞生的标志。

尽管广播已经诞生了，但对它的技术改进却从来不曾停止过。比如：最初广播的载波调制方法都是调幅制(Amplitude Modulation，AM)，音波受静电和空中杂波干扰大，音质欠佳。1933年，阿姆斯壮发明了调频制(Frequency Modulation，FM)方法。调频方法的最大优势是抗静电干扰，可以有效地避免声音失真，但同时，调频广播覆盖的区域有限，因此可以在不同的区域使用相同的波段进行广播。由于调频立体声广播音质优美，到20世纪70年代，调频广播取代调幅广播在美国和其他西方国家广播业中逐渐占据主导地位。

广播事业一经问世便取得了相当大的发展。整个20世纪20年代是它的起步阶段，这个时期许多国家相继建立了无线广播电台。1922年苏俄莫斯科中央广播电台、法国国营电台、英国广播公司先后开始播音；1923 年德国、1924 年意大利、1925 年日本也建立了自己的电台；至 20 年代末，整个北美地区和欧洲各国大多有了自己的广播。

20 世纪 30—40 年代，随着第二次世界大战的临近和爆发，广播电台传递新闻、鼓动宣传的功能日益凸显，各国政要对之倍加重视，不惜花重金筹建，利用它来为自己服务。而公众也把电台作为获取信息的重要来源。于是各国广播事业蓬勃发展，在亚洲、非洲等一些不发达国家也逐渐出现了一批外国人经办或协助创办的电台。

第二次世界大战以后，广播事业在全世界趋于普及。大批新独立的国家纷纷兴办广播，为巩固自身统治、促进经济发展、文化交流服务。发达国家和拉美地区的广播事业继续发展，并呈现出一些新的特点：广播向边远城乡拓展；电台数量急剧膨胀的同时出现了分门别类专门化的趋势。新技术的不断成熟与应用使广播技术不断改进、完善，调频广播广泛兴起就是一例。特别是 80 年代以后，卫星传送技术逐步推广，接收设备不断优化，出现了更先进的卫星广播，广播传送的质量、效率、距离都有了质的飞跃。世纪之交，互联网技术的成熟以及网络广播的初露端倪，为广播的未来发展勾画出了一幅更广阔的图景。

2. 电视的诞生与发展

电视的诞生稍晚于广播，它是在无线电和广播的基础上发展起来的，从这一点来看，声音广播的巨大发展实际上也为电视的登场提供了相应的技术基础。与广播不同，电视所传送的除了声音外还有活动的图像，而这同样凝结着各国科研专家的智慧和心血。

(1) 电视技术的准备阶段。

超越距离的局限传送图像是人们长久以来的愿望。早在 19 世纪 70 年代，一些人就运用想象力对“电视”做了各种具体的描述。1880 年，法国人勒布朗(Maurice Le Bran)发现了眼睛扫描的原理，这个发现解决了电视传送中的信道问题。1884 年，德国工程师保罗·尼普可夫(Paul Nipkow)发明了机械扫描图盘，通过光电转换，使人们在接收端看到活动的图像。20 世纪初，英国和俄国的一些科学家提出了电子扫描原理。1923 年，美籍俄裔工程师左瑞金发明了光电管，用电子束的自动扫描来组合画面，为电视摄像机的设计打下了基础，他也成了摄像机的发明者。

(2) 电视播映的实验阶段。

1926 年，英国科学家贝尔德采用电视扫描盘(机械电视机)，完成了电视画面的完整组合及播送。据说，“图像是微弱的、混杂的”，质量并不高。但贝尔德毕竟成功了，他也被后人称为“电视之父”。1928 年，美国通用电气(GE)公司的纽约实验台播映了第一部电视剧。1929—1935 年间，英国广播公司(BBC)采用贝尔德的技术进行了多次实验性的电视广播。1935 年，德国柏林的实验电视台曾经播放过电视节目，但清晰度不高。在随后的 1936 年 8 月柏林举行的奥运会上，首次用电视摄像的方式对世界性的重大赛事进行了实况报道，尽管只持续了几个小时，但在电视史上以及对现代体育的促进、发展有着重要的意义。

(3) 正式的电视播出。

1936 年，英国广播公司建立了电视发射台，11 月 2 日起定时播出电视节目，一般认为，这是世界电视事业的开端。1938 年苏联在莫斯科等地建台，第二年正式播出。1939 年，美国全国广播公司(NBC)转播了纽约世界博览会的盛况。1941 年，第一批商业电视台获准开业。

(4) 电视事业的停滞与大发展。

1939 年 9 月，第二次世界大战爆发。除了美国有 6 家电视台继续播出外，其他各国的电视研究、生产、播送全部中断。不过在大战结束后就迎来了电视的大发展时期，1945 年 5 月 7 日，苏联最先开始恢复电视播出，之后法国、英国以及欧洲其他国家纷纷开办电视台。

战后美国的电视台迅速发展，一度发展到百余家，在政府的干涉下才得以控制。20 世纪 50 年代初，美国电视业开始了新的高速发展期，并率先走向繁荣，这期间美国在电视技术上逐步取代英国成为领跑者。

在 20 世纪 50—60 年代，第三世界国家的电视业都有了不同程度的发展。

在拉丁美洲，1950 年，墨西哥和巴西正式引进电视，古巴也于同年 10 月开办了电视台。在非洲，摩洛哥于 1954 年率先开办了电视台。

亚洲国家中，菲律宾于 1953 年、中国于 1958 年、印度于 1959 年、印尼于 1962 年、新加坡于 1963 年开办了电视台。

伴随着电视的普及与技术的更新，电视媒介不断从低级走向高级、从单一向多样化发展，至今仍处在变革之中。这种变革的过程凝聚着众多知识精英的心血，也是国际竞争的产物。

电视传播科技的革新有以下一些重要代表：

(1) 彩色电视。

彩色电视的出现大大改进了电视传播的质量，大大提升了电视的传播效果。1946 年美国无线电公司正式推出 NTSC 彩电制式，1953 年获得了联邦通讯委员会(FCC)的确认，1954 年美国全国广播公司正式播放彩色电视节目。在此之后世界各国相继开播了彩色电视，并先后研制出各种电视制式。然而为了获取最大的利润，各国间在统一彩电制式上的分歧难以弥合，加上当时特殊的政治条件，最终在 1966 年形成了彩电制式“三分天下”的既成事实。苏联和东欧国家采用了 SECAM 制式；西欧、北欧、大洋洲和非洲部分、亚洲大部分国家(包括中国)采用了 PAL 制式；而美洲国家，还有日本、菲律宾等国家和地区，采用的是 NTSC 制式。这一状况延续至今。

(2) 卫星电视。

1962 年 7 月，美国发射了“电星一号”通信卫星，它成功地在美洲和欧洲之间实现了电视节目的传送，但由于这颗卫星并非同步卫星，因此传送的时间有限。1963 年 2 月，美国发射了世界上第一颗同步卫星，第二年发射的“同步 3 号”卫星还顺利进入了预定轨道，同年在东京举行的奥林匹克运动会便是由它来完成向美洲、欧洲各国转播大会实况的。

1965 年国际通讯卫星组织的第一颗国际商用同步卫星升空，定名为“国际电讯卫星 1 号”，又名“晨鸟”卫星。这之后国际间新闻节目的交流与传送变得更加快捷了。

通讯卫星最初在国与国、洲与洲之间进行传播，随着卫星通讯技术的改进、成熟以及效益的提高，价格日益低廉，在一些地域广阔、地形复杂、人口分布不均、语言差异大的国家和地区，国内卫星也逐步得到采用，并成为一种日益普遍的电视覆盖方式。

传统的通信卫星可供电视传输的信道有限，而且发射功率较小，必须通过大型的地面卫星接收站进行接收放大后才能到达普通观众，而新技术的采用使卫星上转发器的功率不断增大，普通的电视机用户只要安装简单的接收装置就能直接欣赏到卫星传送的节目，这就是卫星直播电视。

(3) 有线电视。

有线电视最早出现在 20 世纪 40 年代的美国，当时为了提高偏远地区居民的收看效果，人们在高处设立天线，将收到的信号通过有线电缆传送到用户家中。到 70 年代，有线电视抗干扰性强、画面清晰稳定、频道容量大等优势日益突出，因而被广泛应用。之后，有线用户数量不断上升，到 80 年代，发达国家的有线用户已占整个用户数量的一半以上。

当前电视技术还在不断向前发展，新设备不断涌现，如高清晰电视、数字电视、网络电视、互动电视等。可以预见，电视发展的新阶段即将到来。

(三) 中国广播电视业的诞生与发展

1. 1949 年前中国广播业的发展

处于半殖民地半封建社会的旧中国，最早创办广播电台的不是中国人而是外国人。

1923 年 1 月，记者出身的美国人奥斯邦以中国无线电公司与《大陆报》合办的名义，在上海创办了近代中国第一座广播电台(呼号 ECO，发射功率 50 瓦)，并于 1 月 23 日正式播音，由于种种原因，电台不久就倒闭了。此后又有一些广播电台相继开播。

中国人自己筹办的第一座无线广播电台诞生于 1926 年 10 月，地点在哈尔滨，因此称为哈尔滨广播电台。

1927 年 3 月 19 日，私营的商业广播电台——上海新新公司广播电台开始播出，内容多为商业新闻和音乐，在上海地区是第一家完全由中国人创办经营的电台。

北洋军阀统治时期，全国有电台10多座，收音机1万多台。

1928年8月1日，国民党政府在南京建立了中央广播电台(呼号XKM，发射功率500瓦)，不久又在杭州、北平、广州、上海等地陆续建立起20多座电台。1929年8月，国民党政府公布《电信条例》允许民间经营电台。抗日战争爆发以前，民办电台一度繁荣，全国大约有70多座，其中半数以上在上海。

1932年11月，国民党中央广播电台的发射功率加强，由500瓦增至75千瓦，同时呼号改为XGOA，成为远东第一、世界第三大功率的电台，这在旧中国的广播发展史上是一件大事。

抗战胜利以后，国民党的中央电台由重庆迁回南京，之后国统区广播事业有了较大发展，到1947年，电台数达到41座，发射总功率421千瓦，收音机100万台。到1949年，国民党的中央广播电台迁往台湾，大陆的电台先后被人民解放军接管，陆续改建为人民广播电台。

与此同时，在革命根据地，人民广播事业从无到有，克服了种种不利条件获得了大发展。

1940年12月30日，延安新华广播电台(XNCR)开始播音，这一天成为中国人民广播事业的诞生日。

开播初期由于条件十分简陋，延安新华广播电台的发射功率约300瓦，每天播音2小时。播出的新闻稿主要由新华社统一编发，传播的范围也十分有限。由于广播器材短缺，1943年春，延安新华广播电台暂停了播出，直到抗战胜利后才恢复。

1946年冬，延安新华广播电台(简称“延安电台”)开播，之后不久又改名为陕北新华广播电台(简称“陕北电台”)。在整个解放战争中，陕北电台充分发挥了鼓舞人民斗志和人民解放军的士气、分化瓦解敌人与打击敌人的作用。1949年3月25日，陕北电台跟随中共中央迁入北平，更名为北平新华广播电台，继续作为中共中央的喉舌，同年12月5日改名为中央人民广播电台，成为对全国广播的中心。中国人民的广播事业由此进入了全新的历史阶段。

2. 新中国的广播电视事业

中华人民共和国成立以后，中国的广播事业迅猛发展。电视事业也从无到有，虽处于起步阶段亦取得了长足的进步。新中国的广播电视事业在宣传与促进社会主义革命与建设事业，加深中国人民与世界人民的友谊，维护世界和平，反对霸权主义等方面做出了巨大的贡献。

新中国成立初期，全国的广播电视事业都由国家统一经营，并组建了中华人民共和国广播电影电视部来统一领导和管理全国的广电事业。到1984年底，全国建立了省、自治区、直辖市级广播电视厅(局)29个，地区、省辖市级广电局(处)350个，县级广播电视局1 700个。

就历年统计资料看，广播电台的数量、规模都有显著增长，广播人口覆盖率及技术装备水平不断提升。

新中国电视业于1957年开始筹划，1958年5月1日，中国第一座电视台——北京电视台(后更名为中央电视台)开始播出黑白电视图像，后于1960年5月1日开始播出彩色电视图像。

电视诞生后在相当长的一段时间里发展缓慢，1966—1976年间，广电事业遭受了极大的摧残与破坏，电视台的情况尤为严重，到1967年初只剩下上海、广州两座电视台尚未停播。从1968年起情况才开始好转，各地电视台陆续恢复了播出，与此同时，我国居民的电视机拥有量也有了大幅度增长。20世纪60年代，中国年生产电视机3 000～5 000台，1958—1976年近20年里总共才生产92.5万台，而到了80年代，仅1989年一年就生产了2 767万台电视机。今天我国电视机的人均拥有率已超过世界平均水平，并拥有世界上最庞大的受众市场。

3. 新时期广播电视业的发展状况

从1976年10月开始，特别是1978年底党的十一届三中全会以后，中国的广播电视事业进入了全速发展的新时期。

1980年，第十次全国广播工作会议总结了30年广播电视工作的经验教训，对广播电视宣传工作进行了重新定位，明确了新时期的宣传方针、任务和奋斗目标，重新提出要发挥广播电视的长处，要“扬独家之优势，汇天下之精华”，坚持“走自己的路”的方针。

1983 年，第十一次全国广播电视工作会议提出：要以新闻改革为重点，推动广播电视宣传的全面改革；要从实际出发，实行中央、省(市)、地区(市)、县(市)“四级办广播，四级办电视，四级混合覆盖”的方针。这项举措在当时我国财力有限、管理不足的历史情况下，充分发挥了地方人民办广电的积极性，有力促进了广电事业在全国的迅速普及和发展。

1992 年，邓小平视察南方重要讲话发表。在邓小平建设中国特色社会主义理论和党的十四大精神的指引和鼓舞下，全国广播电视系统的同志解放思想，实事求是，抓住机遇，加快改革步伐，全国出现了广播大发展、电视突飞猛进的繁荣局面。

1995 年春，经广播电影电视部统计，我国的电视人口覆盖率和电视观众数居世界第一，同时电台、电视台的布局更为合理，社会效益和经济效益都显著提高。统计数字表明，从 20 世纪 80 年代初到 90 年代中期，我国的广播数量增加约 68 倍，电视的数量增加约 90 倍，真正跨入了大众传播时代。这当中电视的发展令人瞩目，基本上是从零开始到先后超过广播、报纸，成为我国影响力最大的电子媒介。

进入 20 世纪 90 年代后期，随着我国改革开放向纵深发展，经济体制的转换，以及市场化程度的不断提高，市场发展的多元化趋势开始日益明显，受众细分开始显现，加之媒介本身的实力不断增强，信息通讯传播技术的日新月异，频道专业化成为中国广播电视媒介发展的新趋势。

中央电视台率先在两个综合频道之后，陆续开设了 7 个专业频道。2000 年是中央电视台频道专业化改革力度最大的一年，这一年相继对一、二、三、四套节目进行了改造，正式推出了第九套英语频道。2001 年 7 月 9 日，中央电视台频道再次大调整，新开两个(第十套、十一套)专业频道。2003 年 5 月 1 日，央视又倾力打造出了国内首屈一指、全新意义的新闻频道，受到广泛关注，由此完善了其在频道专业化方面的改革。与此同时，各地方台也相继进行了频道专业化的改革，湖南、北京等地步伐较快，收效明显。2002 年元旦，上海 11 个专业频道全面改版，全新亮相，各频道分工更加明确，专业化更加突出。

世纪之交，特别是加入世界贸易组织以后，我国广播电视业风起云涌，大规模的兼并与重组此起彼伏，以合理利用、配置资源为目标的集团化、产业化运作不断展开，“做强做大”成了我国广电产业迎接国外大媒体集团挑战，积极参与国际竞争的利器。

1999 年 9 月 17 日，国务院办公厅转发了信息产业部和国家广电总局关于加强广播电视有线网络建设管理意见的通知[国办发 1999(82)号文件]，规定“在省、自治区、直辖市组建包括广播电台和电视台在内的广播电视集团”。广电总局的有关文件也一再阐述了大力推动组建广电集团、倡导三台合一、整合系统资源、实现集约经营等指导性意见。不难看出，通过集团化运作方式，可以弥补传统的广播电视管理模式条块分割的结构性缺陷，促进生产要素的合理流动，实质上是对广播电视行业生产关系的一种调整。这种调整，既是对资产结构的调整，也是对人员结构的调整；既有资产重组的问题，也有体制创新的问题。因而对于广电行业来说，这将是一场适应市场经济发展、具有深远意义的改革。

1999 年 6 月，在全国成立了第一家广播电视集团，即无锡广播电视集团。之后上海、湖南等地也相继成立了广电集团。可以预见，广播电视集团化的发展趋势将在今后相当长的一段时间内持续下去，它将极大地改变我国广电业的竞争模式和发展方向。

二、数字媒体的传播特点

（一）广播电视的传播符号

对人类传播来说，信息符号可分为两大类：一类是语言符号，即运用概念，做出推理及判断的抽象符号；另一类是非语言符号，即直接为人的感觉器官接收的表象符号。在人类传播的历史上，语言符号在相当长的时间里占据着主导地位，作为信息传播与情感交流的主要工具，语言符号又可分为声音语言与文字语言。语言符号传播的特点是概念清晰，富有内涵，逻辑性强，具有抽象概括性。

非语言符号是指在声音语言与文字语言以外的直接为人们的感觉器官所接收的各类表象符号。关于非语言符号的种类和内涵，前人已取得相当多的研究成果。

例如：从传送方式的角度，可分为标记语言、行动语言、物体语言；从接受方式的角度，则可分为视觉符号和听觉符号两大类。诚然，完整地说还应当包括嗅觉、味觉、触觉符号，但相比之下，视觉、听觉符号占据了很大的比例。

广播电视都要运用语言符号与非语言符号来传播信息。比较而言，电视报道中的非语言符号使用更为丰富。

1．广播的传播符号

语言、音响、音乐是广播的主要传播符号。

(1) 语言。

语言是广播新闻的主要传达方式，又分为播音语言与现场语言，播音语言是广播电台播音员的口述语言，而现场语言则是记者在事发现场录制或直接传送的人物讲话声。在体育报道中，前者多用来报道阶段性状态或结果，而后者多用来直播赛事。作为声音语言，它们都必须口语化、通俗化，以方便听众理解。

(2) 音响。

音响是指除了语言和音乐以外的其他声响。它包括自然环境、动物、器具以及人发出的各种声音。从音响的来源看，有真实的和虚拟的两种。广播报道特别是新闻报道中的音响必须是完全真实的，即实地采录，实有其事，绝不能虚构、模仿、挪用。而文艺性广播中的音响只要符合社会生活的真实性，可以适当地虚构、模仿，但不宜任意夸大、渲染。音响效果有强烈的感染力与表现力。它的作用如下：

1) 加强广播报道的现场感。逼真的音响能使听众身临其境，产生强烈的现场感。例如在乒乓球比赛中，当运动员利落的击球声与急促的脚步声，加上观众的掌声和助威声传到听众耳边，可以极大地增添受众的临场感与紧张情绪。

2) 渲染、烘托环境气氛。不同的音响烘托出不同的环境气氛，如足球场上人声鼎沸反映出球赛的激烈精彩。

3) 表现时空的转换。

4) 刻画人物的形象及其内心。

(3) 音乐。

音乐作为一种情感艺术在广播中亦十分重要。

1) 充当节目的标识。通常，特定的音乐与固定的节目相连，听众通过音乐来区分、收听喜爱的节目。

2) 作为节目的间隔与过渡。不管是新闻报道或是赛事直播都可以用音乐来进行内容上的分隔，使听众舒缓一下情绪。

3) 渲染情绪，烘托气氛。

2．电视的传播符号

电视的传播符号除了与广播的传播符号(有声语言、音响、音乐)有相同之处外，还有屏幕文字语言与造型符号两大类。

(1) 屏幕文字语言。

屏幕文字语言可分为两类，一种是画内文字，一种是屏幕文字。画内文字是指在新闻采集过程中摄录的文字，一般有画龙点睛、突出主旨的作用。而屏幕文字是根据新闻报道的需要，在后期的编辑中叠加到屏幕上去的。一般屏幕文字多指后一种情况。屏幕文字的表现形式主要有四类：第一类是标题式或提要式字幕，通常打在屏幕的边缘或下方，这种情况在正式的新闻报道中采用得较多，如《新闻联播》《体育新闻》等。第二类是插入式行进式字幕，为了即时播报最新发生的重大事件，又不打乱原有的节目播出，可以在屏幕的两边或下方穿插一行移动的字幕，以一句话新闻或简讯的形式播报最新消息。这种报道形式在大型的赛事转播中得到了广泛的应用。悉尼奥运会时中央台对赛事的转播就大量采用了这种方式，在直播一项比赛的同时把其他重要比赛的进展和结果，以及我国的奖牌获得情况以飞行字幕的方式及时作了简要播报，以利于观众最大限度地获取更多的关于大赛的信息。第三类是整屏文字阅读式字幕，整个屏幕展现的全是文字，并逐渐向上移动以利于观众阅读。这种情况一般是报道重要的政策、法律文件、通告、声明、决定等。第四类是注释式字幕，一方面对屏幕上的人物谈话用文字形式在底下同步播出；另一方面对画面中出现的或谈话的人物的姓名、身份、职务以及地点、时间配以文字说明。

电视屏幕文字的传播功能与作用有以下几个方面：

1) 视、听、读三位一体，极大地加深了信息记忆深度。电视新闻视听结合已经具备记忆优势，再加上屏幕文字的补充说明，可大大深化受众的记忆。有学者指出：就人的信息接受能力而言，阅读文字能记住10%，收听文字能达到20%，看画面能记住30%，边听边看能记住50%。

2) 在电视节目中随时插入屏幕文字新闻，保证了重大新闻的时效性。稳定的周期性是大众传播媒介与其他传播媒介的一个重要区别，通常电视节目要按照规定的时间和顺序来播出，以利于观众有选择地按时收看，否则会引起混乱，招致受众的反感。插入式字幕新闻两全其美，即保证了原有节目的正常播出，又可以及时传送最新消息，从而大大提高了电视传播新闻的效率与价值。

整屏文字新闻，形成受众既听又读的一体性，受众易于接收。

电视屏幕文字的显示时间一般应在图像与声音出现以后的8～10秒内，以强化声像效果，且保留时间不要太长，以免干扰画面和声音。在插入行进式字幕时要注意：字符要适中，颜色要醒目，移动速度不宜太快，必要时可多出现几次。

(2) 电视造型符号。

电视图像离不开造型符号，它包括形体符号、表情符号、服饰符号、色彩符号、空间符号、图表符号、新闻照片屏幕符号、节奏符号。下面结合体育报道来加以说明。

1) 形体符号。在所有的符号中，形体符号是最基本的，因为人类对事物的感知首先是源于对形体的感知。因此在体育赛事的报道中，全方位展示和把握住运动员的形体动作是成功报道的关键。

2) 表情符号。人的表情十分丰富，是内心的流露，在激烈的比赛中能及时捕捉到运动员流露出的各种表情，往往是最困难的，但却是观众最关注的。

3) 服饰符号。服饰也是一种语言，不同的服饰代表着不同的民族、国家、时代、季节、爱好。当我们看到在全国少数民族运动会上，身着各色民族服装步入运动场的运动员时，就能感受它的特殊意义。

4) 色彩符号。色彩符号本身并无什么抽象意义，只是人们通过联想与对色彩的运用来发掘它的象征寓意。奥运会上当中国选手站在领奖台的最高处，五星红旗冉冉升起，整个荧屏都被红色所包围时，这时的色彩就有了深刻的寓意。

5) 空间符号。各种事物之间的空间距离反映出人与人之间的关系及情绪，比如在运动员战胜对手后激动地与队友、教练亲密拥抱时，反映出他们之间的亲密关系和喜悦心情。

6) 图表符号。表达虽较简陋，却也朴素实用、简洁明了。电视新闻中经常用它来表述一定的资料、数据与比例。比如在报道世界杯足球赛的抽签、分组以及对阵形势时，图表与文字相比更加清晰、明了。

7) 新闻照片屏幕符号。在现在的新闻报道中使用率明显提高。在越来越强调新闻时效性的今天，经常会出现这种情况：图像资料还没有到，只能作口播新闻，这样在主持人口播过程中可以在他后面或旁边附一些相关的照片以增加新闻的信息量，帮助观众理解新闻内容。

8) 节奏符号。指电视画面镜头转换的节奏快慢。与现代人快节奏的生活相适应，电视画面镜头切换的节奏也越来越快了，在体育节目中尤其如此。快节奏预示着强烈的动感与更大的信息量，也使观众易于紧张、激动。为国人所热衷的美国 NBA 篮球赛就是典型一例，从中我们经常可以看到一些镜头切换节奏极快的宣传片和广告，从而增加了比赛的紧张感和刺激程度。同时要注意慢镜头的运用，特别对体育赛事精彩瞬间的回放。总之，这一快一慢，一张一弛，对于把握报道的节奏、调动观众的情绪十分重要，是体育报道中要认真体会、灵活运用的。

(二) 广播电视的主要报道方式

随着现代化的传播媒介——广播电视的发展，广播电视的新闻报道方式也在不断变化，主要体现在：从最初只会念稿子的播音员到思维敏捷、见多识广、妙语连珠的节目主持人；从一条条线性静态的新闻报道到全方位即时动态的现场直播；从以“快”为特点的简要报道到以“深”为特点的深度报道。正是在这些报道方式的演进中，广播尤其是电视的个性化、时效性、真实感和渗透力不断增强，成为人们主要的信息来源。

1. 主持人报道形式

主持人节目形式最先在广播中出现，从娱乐节目的串联发展到新闻的现场报道、解说与评论相结合。就目前资料中记载的情况看，这种节目形式较早始于 1928 年荷兰对外广播中的《快乐的电台》，它是一个杂志式节目，内容包罗万象，由若干专题组成，中间用音乐相连，主持人艾迪·勒达兹将充满生活气息的内容轻松愉快地传达给听众，很受听众欢迎，他本人也被认为是历史上最富有个人独特风格的广播节目主持人。到 20 世纪 30 年代，娱乐节目赢得了大批听众，也造就了大批以自我表演为主的节目主持人。随着广播的迅猛发展和地位的提升，新闻报道占据了头等重要的地位，广播电台越来越注重对重大事件的及时报道，广播评论员应运而生，他们一半是记者，一半是主持演出者，给新闻报道蒙上了浓浓的个性色彩。电视节目的主持人诞生于美国，娱乐节目主持人又先于新闻节目主持人出现。第二次世界大战结束后，日益成熟的广播节目主持人模式给电视以启发，一些电视台开始选择受众欢迎的电台主持人做电视新闻节目。美国的电视台大多是商业性质的，电视要在激烈的商业竞争中生存、发展，就必须以新颖的节目形式和丰富的节目内容来吸引观众，而“个性”被证明是最有效的吸引手段。强调主持人个性的电视节目开始走向成熟，并且最早在娱乐节目中尝试。

伴随着电视的日益普及和节目主持人的影响，电视新闻节目主持人开始出现。在美国，电视新闻报道实际上是从 1948 年费城政治年会开始的，这也是全国性电视新闻联合报道的第一个重大事件。1952 年，CBS 广播公司的新闻制片人唐·休伊特想改变以往那种由播音员念新闻的做法，而让一位记者出身、采访能力强的人承担主持节目报道的工作，这个主持者可以将有关记者的报道串联在一起，进行较连续和完整的报道，也可以用自己的语言进行分析、解说或评论，他是集记者、编辑、播音员和评论员于一身的节目主持人。休伊特把这种安排比作接力赛跑，最快的队员跑最后一棒，被叫作“殿后”(Anchor)，也就是“新闻节目主持人”。同年，第一位电视节目主持人沃尔特·克朗凯特出现在屏幕上，Anchor 被一直沿用下来，成为表示“节目主持人”的正式术语。

与广播相比，电视有着自身的优势，它声画并茂，现场感强，可以使坐在家中的观众有一种面对面的直接交流感，从而有极大地激发情感的效果，比电台广播更容易产生“自己人”效应。

在我国，节目主持人起步较晚，但发展很快。著名学者甘惜分主编的《新闻学大辞典》中对广播电视节目主持人做过如下定义：“广播电台、电视台中以某一个人的身份在话筒前或摄像机前主持某个固定节目的播讲者，是一台节目的串联人，处于节目的主导地位，是某个节目制作群体的中心人物。其特征不是照本宣科，而是具有创造性的临场发挥才能。节目主持人或是参与采编、制作全过程的节目的主要编辑和制作者，或是部分参与节目的编辑、制作。”这个概念比较准确地归纳出节目主持人的角色定位、功能与作用。节目主持人不仅是一种播出方式，它也代表着当今世界广播电视先进水平的模式。

我国的广电业经过不断的发展，造就出以下几种主持人模式。

(1) 播报模式。

这种模式属于最简单最直接的告知，多见于各类专栏节目和综艺节目中，如中央电视台的《曲苑杂坛》《夕阳红》等。这种模式是节目编导按主持人节目的包装方式进行的运作，如以“我”为传播载体，讲究语言的交流感。此种模式并未排斥播音员参与节目的采编环节，主持人播报实际上是一种特殊的文本播音，这种模式比较适合于不太开放的舆论环境，因而主持人的个性观点得不到展现，地位比较被动，无法体现自己的新闻意识、思维品质和个人风格，对节目效果只承担一种被分割的、不明确的责任，主持人的活动天地较为狭小。

(2) 播讲模式。

主持人出现的初衷是使传播者接近传播对象，以期更有效地传达内容，播讲模式则有利于主持人完成这一目标。此种模式强调主持人在主持节目时，在与观众的交流中能够自如地把握语气、基调，以情感人、以声撼人。除了自身的文化素养和新闻意识外，长期在话筒、镜头前的锻炼，使主持人拥有了高超的播讲技巧以及从容的气度和神采。播讲模式的播音语势一般比较平稳，没有大的起落，如行云流水，一般无须特意强化起伏对比和放慢语速。

(3) 串联模式。

节目与主持人之间构成互动关系而以串联为主，尤以综艺节目为主。这类主持人要有整体协同作战的意识，在充分理解编导意图的前提下发挥创造才能。这种串联模式还要求主持人深入全面地了解受众群的特征和兴奋点，准确确定节目方向，并随着受众的兴奋点、关注点的转移而相应变化节目方向。以电视游戏节目为例，它的目的是赋予节目各种知识性、趣味性和审美情趣，为此需要有专门创意和精心安排让观众在参与节目过程中始终有一种新奇感。如东方电视台的《快乐大转盘》、湖南卫视的《快乐大本营》等，都要求主持人在准确理解节目串联内容的基础上，始终贯穿发散思维，强化节目间的相互呼应、相互关联，改变罗列节目的流水账似的状况；强调受众的参与，改变你播我看、观众置身事外的局面；主张个性化的艺术张力，使观众从思维和情感上融入节目。

(4) 主持模式。

作为一种崭新的业务机制，节目主持人发展到20世纪90年代初已初具规模，其标志是国外严格意义上的节目主持人的诞生，其代表主要是一些新闻杂志栏目的出现，如《东方时空》《焦点访谈》等。这些栏目有固定的播出时间，主持人亲自策划参与新闻报道，而不仅局限在一般的播报层面。与之相近的体育类节目则有上视体育频道的《唐蒙视点》，这是一档以主持人的专业眼光，访谈体育界名人，透视焦点事件，兼有足球最新动态的电视访谈类节目。资深体育节目主持人唐蒙不但主播此栏目，更是参与到新闻从选题到播出的全过程，这个过程包含节目的策划、采访、编辑、报道、评说等，而不局限在只采访或只播讲。2003年春节期间，《唐蒙视点》连续七天，每天一档特别节目《体育产业“话”》，唐蒙在节目中直面中外体育商家，纵论中国体育产业的发展和前途，其中包括NBA亚洲总裁邓文广、IMG国际部副总裁 Marcus John、上海国际赛车场有限公司副总经理郁知非等。作为主持模式下的体育杂志型节目《唐蒙视点》有这样一些特征：一方面是内容上的丰富与报道深度相结合，在为观众提供事实的同时，亦将相关的背景、观点、知识等传达出去；另一方面在编排上有条理性，又富于变化，这表现为把各种事实、观点、材料、背景等灵活自由地连接起来，又能按照编辑的意图层层深入，进行动态的、逻辑性的排列。主持人在节目中的编辑意识、主体意识由此得以凸显。

2．现场直播形式

现场直播是指在事件发生的现场直接制作播放广播电视节目的播出方式，即在瞬息之间按照一定的意图和要求，把现场音响、图像以及现场解说等组合为一体，通过电子传输装置直接播放出去。作为一种重要的报道方式，现场直播是最能发挥、展示数字媒体优势的一种最快速、最直接、最全面的新闻报道方式。

现场报道最早起步于美国，1940 年初，CBS 就进行了最早的现场广播报道，第二年日本袭击珍珠港之后 9 小时，WCBW 台——一个从属于 CBS 公司的电视台在珍珠港作了现场报道，成为电视史上的创举。但此后电视新闻现场直播的发展却停滞不前，原因是受到了当时传播技术条件的限制，但随着时间的推移，这些问题都迎刃而解。

电视现场直播的根本性突破得益于三项技术的出现。

(1) 电子摄录系统的发明。

早期的电视常使用电影胶片来拍摄电视新闻，使用起来十分不便，磁带录音录像技术的出现使节目制作更方便、更便宜，结束了影片电视新闻的状况。20 世纪 70 年代初期，电子摄录系统(ENG)在美国出现，它的优点在于摄录同步，能把记者在新闻现场的采访报道直接声形并茂地展现在屏幕上。80 年代卫星新闻采集(SNG)也发展起来，装有卫星传送设备的卡车可使记者在地球任何地方采访并发回现场报道。

(2) 电缆电视网。

电缆电视(CATV)，也叫有线电视，其特点是节目质量高，节目容量大，抗干扰力强，特别是与通信卫星相联后能大大拓展其传送范围及节目套数。随着有线电视用户规模的不断扩大，各专业化的有线电视网的逐步形成，其影响力和优势正日益显现，同时竞争力也不断增强。

(3) 电视卫星直播。

通讯卫星和卫星电视的发明彻底打破了地域的限制，极大地提升了人类传播的能力，使电视观众能在同一时间欣赏到世界各国的电视节目，世界仿佛成了一个“地球村”。

在我国，现场报道最早与体育节目相联，作为体育节目的主要报道形式经历了一个由低级到高级逐步发展的阶段。最初我国的现场直播主要是利用公共信号来转播比赛的实况。如1984年的洛杉矶奥运会时中央台的奥运电视节目，除了比赛以外独家新闻还比较少。此后，在此基础上引入了演播室概念，主持人也参与进来，如中央台巴塞罗那奥运会的现场转播。到20世纪90年代初，现场报道出现了更高级的形式——单边注入点报道形式。这种新的报道模式不仅将体育比赛和电视报道全方位地呈现在观众面前，而且使信息的生成、采集、传播和接受同步进行，最大限度地缩小了赛场、运动员、记者和观众间的时空距离。所谓“单边注入点”就是记者以新闻现场作报道点，通过电子媒介和光纤式微波作直播报道的一种电视节目制作方式。当前这种报道形式在国际上十分流行，特别是针对一些大的新闻事件如奥运会等。我国在这方面也有所尝试，悉尼奥运会上，中央台在直播奥运盛况的同时，为了如实报道中国运动员的参赛情况和观众感兴趣的赛事，在原有演播室主持人和公共信号报道外，让记者走上前台，在比赛现场直播赛况。主持人与前方记者互动、联手挖掘新闻信息的这种穿插式现场报道缩短了时空距离，增加了信息量，强化了新闻的渗透力和权威性。

3. 深度报道形式

电视新闻的深度报道与广泛、迅速、简要地传递新闻的消息类新闻不同，它从多方面、多角度、多方位地报道新闻事件，是电视新闻由起步到成熟、由浅层向深层发展的必然趋势。

“深度报道”(Indepth Reporting)起源于西方新闻学，“是以今日之事态核对昨日的背景，从而说出明日的意义”，是西方传媒竞争的产物。20世纪四五十年代，报纸为了与广播电视竞争，不断挖掘和扩大新闻报道的深度和广度，“深度报道”作为专业术语被正式提出，并成为其主要的竞争手段，从而确立起自身的优势。随着竞争的加剧，广播电视亦开始关注深度报道，特别是技术上ENG的声画同步，一批有影响、有丰富新闻工作经验的资深记者加入进来，对新闻事态的分析、解释、预测，为广播电视深度报道开辟了广阔的前景。

当今各国广播电视媒体更是千方百计加大深度报道节目的投入，形成了这样一些特点：①注重节目选题的新闻性、社会性、相关性，即新闻价值越大，成为选题的可能性越大；②节目形式多样，生动活泼；③推出明星主持人，使节目大放异彩。

第二节　数字体育传播及其传播效用分析

一、数字媒体的传播规律

（一）数字媒体传播过程中要遵循基本的新闻规律

广播、电视作为当今世界六大大众传播媒介中的两个，与其他大众媒介一样要遵循新闻规律。

新闻规律是新闻传播活动固有的本质联系和发展的必然趋势，具有客观性、普遍性、必然性的特点。

新闻报道必须完全真实，及时反映最新发生、发展的事态及其变动，这是(广播电视)新闻报道的一般规律。在我国社会主义的现实条件下，新闻报道不仅要反映实际，客观报道，还有改造社会、坚持正确舆论导向的任务。这就要求我们的报道在讲新闻价值的同时也要注重宣传价值。

新闻价值指新闻事实本身的传播价值，是衡量某个事实是否值得报道的客观标准。从受众角度看，新闻价值就是事实本身所包含的足以引起受众普遍关注的素质。从新闻报道角度讲，新闻价值是新闻从业者用来评价新闻事件是否值得报道的客观标准，是指某个事实是否包含了构成新闻的相关要素。通过前人的总结，其要素包含如下几点。

1. 时新性

时新性或称时效性，指构成新闻的事实必须在时间上属“新近”，是新近发生或正在发生的变动；在内容上新鲜、罕见或首次出现，不为人所知。一般情况下，新闻事件发生与报道出来之间的时间差越小则新闻价值越大。

2. 重要性

重要性指相关事实与国计民生有密切的利害关系，且这种关联性越大，则重要性越强。特别是与广大受众切身利益休戚相关的事件受关注度越高，新闻价值越大。

3．接近性

接近性指新闻事实在地理位置上与心理距离上都与受众接近，其距离越小(密切相关)，新闻价值就越大，反之越小。一般受众总是最关心自己周围的、与自己有直接关联的事情。有些新闻地理距离稍远，但心理距离相近，也就是说能引起心理共鸣的事件，受众也十分关注。

4．显著性

显著性指名人的一般活动、胜地的一般事件也能引起受众的关注，有一定的新闻价值。

5．趣味性

趣味性或称娱乐性，指奇闻轶事，或生活中一些趣事，能引起人们的普遍关注或感情共鸣。

任何一个事件，只要有了时新性再加上其他一“性”，就可能成为新闻。一个事实如果同时具备上述的因素越多，新闻价值就越大，能引起受众的关注就越多，其影响力也越大。这些客观标准(规律)是新闻报道中必须认真掌握、灵活运用的，对广播电视同样重要。

(二) 广播电视新闻在传播中的特殊规律

广播电视新闻通过电子技术手段报道并作用于客观实际，这就是广播电视新闻的基本规律。而电视新闻的特殊规律包括直线律、顺序律、近距离亲切律、完整律、分立对位律 5 种，其中直线律、顺序律和完整律三种也是广播新闻的特殊规律。

1．直线律

广播电视新闻都是按时间顺序直线传播的，广播新闻的听众只能沿着时间先后逐条收听广播节目，电视新闻的观众则只能在屏幕前按时段一条一条收看新闻。广播电视新闻传播的直线规律(又称线性传播规律)是受众必须服从，不可改变的收听(视)规则。

2. 顺序律

广播电视新闻在表述事物的发展过程时，要顺着时间先后，不可打乱顺序段落结构，否则容易使听(观)众产生歧义与内容理解上的混乱。因此报道事件性新闻时，一般都要按事态发展的顺序来反映事件，不宜采用“倒金字塔”式结构。如广播新闻中一些词，诸如过去、现在等时间概念要清楚明白。电视报道中可以通过对画面进行技术处理来区别时间上的差异与先后，如“以前”的镜头可采用黑白图像，在屏幕角上打上(资料)字样提醒观众，而“现在”的镜头则采用彩色画面加以区分。

3. 完整律

人的听觉对于声音语言有一种完整性的要求，这种要求称为完整律。它要求广播电视报道中的人物讲话声或记者现场采访对话交流必须有完整的意思和段落。

此外，电视新闻的特殊规律还有近距离亲切律、分立对位律。近距离亲切律指电视传播在家庭氛围中面对面进行，减少了距离与陌生感，主持人的话语声情并茂，增加了观众的亲切感。分立对位律则指明了电视新闻两大表现要素画面与声音之间的关系，既分立又对位，相辅相成、有机结合。

二、数字媒体在体育传播中的效用

(一) 体育传播概述

体育竞赛亦称赛事或竞赛表演。竞赛表演属于体育范畴。我国体育理论界认为体育是德智体全面发展教育的组成部分，是以身体练习为基本手段，以增强体质、提高运动技术水平、丰富文化生活为目的的一种社会活动。同时，体育竞赛又是以运动为本质，以竞赛为形式，以健身娱乐和个体社会化为目的的体育手段；是社会文化的组成部分，可以满足社会的体育文化需求，也是社会文化产业的分支行业。

所谓“传播”，即人类(自身及相互之间)传受(传送和接受)信息的行为和过程。它有如下一些特性：①形态多样性，包括口语传播、文字传播、图像传播多种形态；②时空遍布性，从时间上看它纵贯古今，从空间上看它遍及东西南北；③行为伴随性，即人们日常各种行为的进行与完成都离不开传播。

大众传播指职业化的传播机构利用机械化、电子化的技术手段向不特定的多数人传送信息的行为或过程。数字媒体(广播电视)作为大众传播媒介的主要代表，其作用就是传送信息。这其中对体育信息的传送可称为体育传播。

(二) 体育传播的功能

根据传播学者拉斯韦尔和赖特的研究，体育传播有四大功能：监测环境、协调关系、传承文化和调节身心。

1．监测环境

监测环境指广播电视通过传播大量的体育新闻使受众了解体坛的最新动态，方便受众采取决策，完成各种行为。

2．协调关系

协调关系指媒介传播大量的劝服性信息，主要表现为发表各种体育时评或深度报道，以方便人们发表自己的观点并对体育竞赛中的不公正现象施行舆论监督。

3．传承文化

传承文化也是体育传播的一大功能，大量体育报道记录下了人类体育文明的进步与发展，使我们的后代通过这些深厚的累积，对社会文化产业的分支——体育竞赛，有一个生动、直观的认识；另一方面通过广播电视重温祖国体育健儿奋力拼搏、为国争光的精彩瞬间，对于弘扬爱国主义，凝聚人心有极大的促进和教育作用。

4．调节身心

调节身心主要指体育传播的娱乐作用，在紧张的工作之后欣赏一场扣人心弦的比赛可以极大的放松身心，不仅如此，现代人还可通过电子媒介学到各种体育运动常识以及休闲娱乐的方式。应该说与前面三种功能相比，休闲娱乐功能在当今显得更为突出，也更为广大受众所推崇。

现实生活中，体育传播的四种功能并非单独发挥某一项作用，而往往是各种功能重合在一起，难以截然分开，这被称为传播功能的相对性。比如：1996 年夏天，举世瞩目的亚特兰大奥运会开幕，世界各国的记者蜂拥而至，展开了激烈的新闻大战，所发布的大量报道便于观众及时监测环境——据此我们获得了大量信息：运动员的人数、比赛项目、时间、结果以及奖牌分布情况等；与此同时，比赛进行中发生的各种令人愉快、惊讶、遗憾乃至气愤的事亦传到观众的眼前：如中国举重运动员占旭刚接连打破了三项世界纪录，兴奋之际竟然忘记放下 165 千克重的杠铃；再如各种激烈、精彩、扣人心弦的比赛场面令人目不暇接，所有这些信息都有很强的调节作用，大部分受众接触这些体育新闻报道是为了娱乐、消遣；体育活动本身作为一种文化，被媒介记录下来，又具备了“传承”功能；不仅如此，当我们为王义夫、邓亚萍、郎平等人的爱国之心和拼搏精神所感动时，其榜样的作用和教育的功能亦显现出来；还是亚特兰大奥运会，出现了准备工作的草率、世纪公园的爆炸事件、裁判的不公正以及美国媒体的偏见等问题，此间不断有一些报道进行了及时的批评、反映舆论，并在一定程度上起到了迫使当事人纠错改正的作用，这时的体育传播又发挥了舆论监督与协调的作用。

（三）数字媒体在体育传播中的效用

数字媒体与体育传播的结合是历史发展的必然，体育如果能同正在兴起的现代化通信技术结合起来，定会迎来一个繁荣昌盛的新时代。电视同样也深知这种结合将给自己带来的好处，因为自电视进入人类生活以来，如果没有体育的作用也不会发展到今天的水平。这中间存在着一种相互吸引的魅力。体育，特别是奥运会，在它的电视伙伴那里找到了获得资金的灵丹妙药，同时也找到了技术实现和传播的最有效途径，电视成为体育向全世界发展并使之具有巨大吸引力的推动力量。这种结合的成果就在于它能使五大洲的亿万观众及时、完整地收看到国际上的各种体育比赛盛况。电视独有的条件是，它能准确地拍摄下运动中的每一个瞬间，由于“百闻不如一见”的效果从心理上已经全面地渗透到所有被电视覆盖的各个家庭之中，因此许多著名电视公司和国际电视组织不惜花高昂代价来获取体育赛事的转播权。

1. 数字媒体与体育传播的结合极大地提升了体育赛事对广大受众群的影响力

世界上首次实现赛事电视转播是 1936 年柏林第 11 届奥运会，当时纳粹为了传播“纳粹的奥运盛会”策划了电视转播，并在柏林的一些主要地区安装了电视机，以方便大众观看。共播出 138 小时，有 16.2 万观众收看了转播。1948 年伦敦奥运会时，英国广播公司付给组委会 1 000 几尼(相当 3 000 美元)获得电视版权，共播出 64 小时，伦敦周围 50 英里范围约 50 万人观看了转播。1956 年冬季奥运会第一次实现了实况转播。1964 年，东京奥运会首次进行了卫星直播，从此改变了人们观看奥运会的方式。此后电视技术的大发展和普及率的提高大大刺激了数字媒体与体育竞赛的结合，1984 年洛杉矶奥运会有 111 个国家进行了电视转播，并在之后呈现逐年递增之势。

随着转播体育赛事的国家数量急剧膨胀，其收视人群、影响力也达到了前所未有的高度。1996 年亚特兰大奥运会电视转播累计观众达 196 亿人次。据统计，2016 年里约奥运会开幕式电视直播全世界有 50 亿人收看，而全程收看总人数为 200 亿人次，而悉尼奥运会开幕式直播就创造了澳大利亚电视转播史上的收视率纪录。获得在澳大利亚境内独家转播奥运会权利的澳大利亚“七频道”电视台在一份声明中说，在 2 300 万澳大利亚人口中有 1 043.6 万人观看了开幕式，这还不包括那些在室外看电视的人们。韩日世界杯期间的电视转播在世界各地也创下一个又一个新的纪录。2002 年 5 月 31 日世界杯开幕，全球约有 5 亿人收看了揭幕战。巴西队第一场小组赛在当地清晨 6 点转播，巴西环球电视台的收视率竟打破了 13 年前一部电视剧创下的纪录。英国 BBC 电视台虽没有透露具体数据，但承认英格兰和丹麦队一役的收视人数仅次于 1997 年戴安娜葬礼的收看人数。如今重大的体育赛事都离不开数字媒体的参与。无法想象离开了广播电视的奥运会、世界杯会走向何方。

2. 数字媒体参与体育传播促进了体育事业的大发展

电子媒介直接参与体育传播，产生了巨大收益(电视版权收益)，为体育竞赛的发展提供了坚实的物质基础。1958 年，电视版权列入《奥林匹克宪章》。宪章第四十九款写道：“经国际奥委会批准，该权力由组委会出售，并依照国际奥委会的指示对收入进行分配。”

在过去相当长的时间里，体育竞赛主要是单纯依靠政府拨款和社会赞助的模式。1924 年巴黎奥运会，政府和巴黎市提供 50%的经费，但随着奥运会规模的日益扩张，开支节节攀升，使得主办者不堪重负，奥运的发展遇到了困难。加拿大的蒙特利尔是 1976 年第 21 届奥运会的主办城市，由于组织、管理不善，预算完全失去控制，最后亏损近 10 亿美元，最终奥运会后留下的巨额债务使当地人民和政府痛苦不堪，以致后来无人愿意申办奥运会，1981 年申办 1988 年奥运会的只有两个城市。

1984 年的洛杉矶奥运会是奥林匹克的转折点。奥林匹克运动找到了符合现代体育市场运行规律的运作方式，首次完全由私人企业组织，以完全商业化的方式组织这届奥运会，为获得最大经济效益，组委会引进公开招标制。电视版权的出售也采用同样办法，经过美国 ABC、CBS、NBC、ESPN 4 家广播公司竞争后，ABC 出价 2.25 亿美元成交。1979 年 9 月 26 日，这项有史以来最昂贵的电视版权出售消息被披露时，引起了轰动。此外，欧广联付出 1 980 万美元，日本付出近 1 800 万美元。萨马兰奇曾自豪地说：“随着电视介入奥运会，奥林匹克运动的一个新纪元开始了，今后不再有组织奥运会的财政困难了。”洛杉矶模式获得了成功，共盈利 2.22 亿美元。

20 世纪 80 年代中期以前，电视版权是奥林匹克运动的主要收入，1980 年占其总收入的 95%，而且其中 85%来自美国的广播公司。2002 年以前，电视版权收入的 60%分配给奥运会组委会，40%由国家奥委会、国际单项体育联合会和国际奥委会 3 家分配。

2004 年以后，奥运会组委会得到电视版权的收入将由 60%降为 49%，这种改变的目的是使更多的经费用于促进奥林匹克运动的发展，而不是用于主办城市长期的市政建设。当然，由于电视版权售价的上升，主办城市分得的金额数量仍然呈增加趋势。如 1995 年 6 月以来，国际奥委会已与美国、澳大利亚、日本、中美和南美、中东、欧洲地区签署了至 2008 年的 51 亿美元的电视转播合同。

3. 数字媒体的参与使体育产业成了获利丰厚的行业

体育比赛是最好的电视直播内容，充分发挥电视的各种能力和技术，体育节目吸引了大量观众，他们都是广告商眼中的消费者。体育比赛中的各种间隙也是广告的绝好时机，这是其他电视节目所缺少的。正因为如此，大量的赞助商和媒体巨头都把目光投向了体育赛事直播节目。如 NBC 为 1996 年亚特兰大奥运会支付了 4.56 亿美元以购买版权，而后它所订的黄金时段广告价格是每 30 秒 55 万美元，卖了近 7 亿美元的广告时段给可口可乐、维萨卡国际组织、达美航空公司、麦当劳等 50 家超级广告主，从中大获其利。传媒大亨默多克重视体育节目的制作与编播，通过购买重大体育比赛转播权而使节目增添特殊魅力。如 1994 年出巨资买下由全美橄榄球联盟垄断 4 年之久的转播权，其控股的空中广播公司垄断了足球联盟的实况转播权，不仅成功地使体育频道转为收费节目，还给空中广播公司带来了巨额利润。

在肯定数字媒体对体育传播发挥促进作用的同时，也要了解它的负面影响。比如：商业考虑过重，冲击原有的游戏规则，危及奥林匹克品牌的声誉；过于倾向电视转播商的商业利益，为了插入广告而拖长或变更比赛时间或程序；从广告主的角度出发，改变或取消一些不热门、不精彩的比赛，甚至比赛规则等等。

第三节　体育传播中数字媒体的应用

一、数字媒体的优势和不足

（一）广播的优势和不足

广播的优势有如下四点。

1．先声夺人，时效性强

以电波为媒介传送声音信息，其时间差几乎为零，可基本同步播报新闻。与报纸相比，省去了包括排版、印刷、发行等在内的诸多环节，因此更加快捷。与电视相比，同为电子媒介但由于不需要编辑画面因而在时效上稍胜一筹，能在第一时间将各种体育新闻传到听众耳中。

2．覆盖面广，渗透力强

广播的传送不受空间和地形的影响，特别是与通讯卫星结合成卫星广播可以覆盖全球。在一些边远、落后地区，广播是当地人们获取信息的唯一途径。

3．声情并茂，生动感人

广播以声音来传递信息，从而比文字来得生动，特别是加上逼真的现场效果，有很强的感染力，在体育比赛的转播中，有相当的受众喜欢广播这种方式来掌握赛况。

4．适应性强，选择概率高

与读报不同，听广播不受教育水平的限制，适应范围广。与电视比较，它价格低廉、携带方便，且不需花费太多的精力，人们在做事的同时亦可收听广播而不用专心致志。随着科技的发展，收音机的体积越来越小，重量越来越轻，价格越来越实惠，收听质量越来越高，这些优势都将使广播的发展进入一个崭新的天地。

当然与报纸相比，广播也有它的劣势。例如，广播必须按一定的时间和顺序来播报新闻，听众无法自由选择，而报纸却无此限制；又如，广播内容稍纵即逝，听众无法反复推敲、思考，这就决定了广播的内容要通俗易懂，不能像报纸那样追求深度、内涵、逻辑性。

（二）电视的优势和不足

电视也有如下四个优势。

1．直接传播，现场感强

电视在传播信息过程中，除了同广播一样采用了音频技术外，还加入了视频技术，因此它能将报道现场的形态、情景、气氛、声音等原原本本地传达给观众，使观众足不出户，却能感受到千里之外新闻现场的真实情景。这也是促成电视与体育比赛紧密结合的重要因素之一。

2．视听兼备，声画并茂

电视顺应了人们接受信息传播的最佳感受心理需求。

3．近距离传播，亲和力强

观众与屏幕上的主持人近距离交流，极易产生亲切感，与报纸上的文字和广播中的声音相比，这种交流方式更能激起观众的情感和兴奋点，从而大大增强传播效果。

4．便于受众参与并介入

电视新闻的传播具有动态的性质，观众不光是被动地接受，更能有效地参与互动。受众的参与包括了现场参与感、心理参与及节目参与。现场参与感是指观众被电视台的节目主持人带到新闻现场。心理参与强调受众感情的共鸣，是一种心理的互动。例如，在第 43 届世乒赛男团决赛中，当王涛最后一个出场战胜对手最终夺冠时，现场的观众欢声雷动，荧屏前的观众同样兴奋异常。节目参与则指受众在新闻现场直接接受了记者采访。例如，北京申奥成功后不少北京市民走上街头庆祝，他们中的一些人接受了央视记者的随机采访，表达了自己的喜悦之情。

电视传播的弱点主要表现在两个方面：一方面电视画面易于反映事物的外在特征，而对于事物的内涵、内在规律以及人物的内心感受则显得无能为力，与报纸相比，电视的新闻更显得表面化、浅薄化；另一方面，许多事件性新闻是难以捕捉的，一旦错过便无法追补，在这种情形下只能用文字或当事人的声音语言来回忆往事，由此可见，电视在事实材料的运用上往往被时间和空间所束缚，而报纸刚好相反。

总之，广播、电视、报纸在体育传播中各有自己的优势和弱势，重要的是要认清自身的优势，合理地加以利用，才能更好地为体育传播服务。

二、数字媒体在重大体育活动报道中的应用及发展

1956 年，澳大利亚墨尔本奥运会是体育与电视的第一次“联姻”。从 1964 年东京奥运会开始，用于转播比赛实况的电视技术设备的数量大为增加，利用卫星实现洲际通信后，更促进了电视实况转播的发展。据统计，1972 年，全世界约有 1 / 3 的人收看了慕尼黑奥运会，1980 年，收看莫斯科奥运会的人已超过了全世界人口的一半，1984 年洛杉矶奥运会时，已有 111 个国家购买了电视转播权，观众人数超过 30 亿。美国全国广播公司(NBC)是近年来及未来几年中的奥运赛事转播

明星。1988 年汉城奥运会、1992 年巴塞罗那奥运会、1996 年，亚特兰大奥运会的电视转播权(美国地区)均在 NBC 旗下。2000，年悉尼夏季奥运会(7.05 亿美元)、2002 年盐湖城冬季奥运会(5.45 亿美元)的转播权也归属 NBC。1995 年 12 月，国际奥委会宣布，2004 年夏季奥运会、2006 年冬季奥运会及 2008 年夏季奥运会的美国地区电视转播权一揽子卖给了 NBC，总价值 23 亿美元，其中 2004 年为 7.93 亿，2006 年为 6.13 亿，2008 年为 8.94 亿，2016 年为 41 亿。在比赛地点尚未确定之前(1997 年 9 月 15 日，国际奥委会才宣布 2004 年夏季奥运会在希腊的雅典举办)就售出电视转播权的一揽子交易在奥运会历史上还是第一次。随着电视转播费用越来越高，媒体之间的竞争更残酷了。

1996 年，亚特兰大奥运会的电视转播是有史以来规模最大的一次，全世界 240 个国家和地区都收到了实况转播，55 亿观众可以收看到精彩纷呈的比赛场面。收视时间也比历届大为增加，如英国广播公司播出 300 小时，而巴塞罗那奥运会时仅 220 小时；德国转播 560 个小时，而巴塞罗那奥运会时为 338 小时；日本做了 976 个小时的转播，相当于 40 天中全天 24 小时不停地播出，而奥运会只有 16 天。在亚特兰大奥运会转播中，日本一改常规，用海底光缆替代通信卫星传送图像和声音信号。测试数据表明，此举有效提高了图像质量，实现声像同步，并相应降低了成本。1995 年 12 月，日美间铺设了一条新的大容量海底光缆，按转播计划，来自奥运会赛场的信号先由美国电话电报公司的光缆通信网送至洛杉矶，然后通过长达 15 000 公里的海底光缆传送至日本。此外，日本广播协会(NHK)进行了宽屏高清晰度电视的现场直播，令观众享受身临其境的生动画面。

从历史上分析中国奥运报道，可以看到以下记录：1980 年，中国恢复奥运会籍，首次参加在美国的冬奥会，中央电视台派出 4 个人采访，使用 16 毫米摄影机，回国后再编辑成专题播出；1984 年洛杉矶奥运会，中央电视台报道组分两路，第一路在洛杉矶，当时报道源主要是组委会提供的共用信号，报道组只是围绕中国代表团的到达、训练、比赛拍一些新闻、花絮，第二路在香港，主要由编辑、解说员组成，与香港无线电视台(TVB)合作，把共用信号加上解说传回北京，报道量仅几十个小时。

1988 年汉城奥运会，中央电视台再度与 TVB 合作，此时 ENG 组增加到 3 个，且形成了以中国运动员为主的新闻、专题、转播的报道模式，节目在汉城制作，经卫星传回北京播出，报道量为 100 多个小时。

1992 年巴塞罗那奥运会，中央电视台派出 28 人报道组，报道了中国运动员参赛的所有项目，报道量近 200 个小时，每天约 10 小时，在所有国家和地区中占第四位，但在国际广播电视中心，仍与 TVB、ABU 合租一个 200 平方米的报道制作中心，中央电视台仅占一角，约 40 平方米，机房设备十分紧张，各家的报道要求经常“撞车”，有些中国运动员夺取金牌的新闻播出也受到影响。

1996 年亚特兰大奥运会，中国的报道，包括技术手段在内的综合实力也有空前的提高。在电视报道方面，继 1994 年广岛第 12 届亚运会后第一次在奥运会上建立了自己的独立编播系统。中央电视台所建的 300 平方米制作中心设有 2 个演播区、11 台摄像机(包括 8 套 ENG)、48 台录像机、93 台监视器和 2 套后期制作设备，全时租用一条国际卫星线路，并与亚广联(ABU)共享 2 条线路。卫星双向传送直播使国内观众能看到在北京和亚特兰大的主持人同时出现在屏幕上。奥运电视报道首次全天 24 小时播出，播出总量为 598 个小时，其中直播为 502 小时，实况录像为 96 小时。另外，北京、东方、辽宁、广东等地方电视台首次联手参与报道，每天播出近 2 个小时。

第四章　体育传播与网络媒体

第一节　网络媒体及其传播特点

一、网络传播的特点

1946 年埃克特等人成功研制出了世界上第一台电脑主机“埃尼阿克”(ENIAC)，这一年也成了一次传播的革命性新纪元。从根本上来说，作为信息传输的载体和介质，计算机网络首先是一个技术概念。但是随着技术的发展，网络延伸到社会的各个角落，扩展了人类交往的各个方面，成为继报刊、广播和电视之后发展起来的，与传统大众传播媒体并存的崭新媒体。1998 年 5 月，在联合国新闻委员会年会上，互联网被正式承认为“第四媒体”。1999 年，“第四媒体”的称谓广泛流行，2000 年起，“网络媒体”称谓开始出现，2001 年，由于“网络媒体”在概念上较“第四媒体”更为准确，这一称谓最终得到了业界和学界的认可。

网络传播有很多说法，我们在此使用一个比较准确的定义：网络传播就是指以电脑为主体，以多媒体为辅助的能提供多种网络传播方式来处理包括捕捉、操作、编辑、存储、交换、放映、打印等多种功能的信息传播活动。

20 世纪 90 年代以来，以数字化技术、多媒体技术和网络化技术为核心的信息高速公路，成为推动人类社会从后工业社会向信息社会迅速转变的主驱动轮，同时将给大众传播无论是在媒介形式、采访方式、报道方式、传播方式，还是在受众地位、受众行为等诸方面都带来巨大变革。体育的根本精神就是为了追求“更高、更快、更强”，网络传播将给体育信息传播带来更加广阔的空间。

体育运动对现代人的思维模式、价值观念、志趣爱好、行为准则、健康身心等方面的塑造起着不可忽视的作用，尤其是处于快节奏生活中的现代人，他们今天更加需要以关注体育运动、体育消费和娱乐活动的方式来调节生活节奏，稳定心理情绪，提高审美品位，因此，今天人们对体育信息的关注就显得更加迫切。

人们的生活水平逐步提高，文化素养在不断增强，他们对新兴视听设备也会抱有更多的热情。

二、网络媒体的发展

谈到网络媒体就不得不谈到其介质——计算机。

20 世纪 40 年代中期，美国宾夕法尼亚大学电工系为美国陆军军械部阿伯丁弹道研究实验室研制了一台用于炮弹弹道轨迹计算的“电子数值积分和计算机”(Electronic Numerical Integrator and Calculator，ENIAC)，这台使用了 18 000 只电子管、70 000 只电阻、10 000 只电容，耗电量 140 千瓦，占地面积 170 平方米，总重量 30 吨的庞然大物于 1946 年 2 月 15 日在美国举行了揭幕典礼，这标志着电脑时代的开始。

计算机经过四代的发展才逐步走向成熟：第一代电子管计算机(1946—1958 年)，第二代晶体管计算机(1959—1964 年)，第三代集成电路计算机(1965—1970 年)，第四代大规模集成电路计算机(1971 年至今)。

随着计算机的不断成熟，它逐渐给互联网提供了一个良好的平台和强大的技术支持。国际互联网也不断蓬勃发展，给传统媒体带来了前所未有的契机，它们纷纷上网，设立网站，挤上驶入信息高速公路的网络快车。比如美国的一些主要报纸(《纽约时报》《华尔街日报》等)都开设了自己的电子版，其中《今日美国》电子版是全美网上读者最多的电子报纸，每天有 100 万以上的用户进入它的网站。与此同时，世界上越来越多的广播电视公司开始把自己的节目送上互联网。美国的全国广播公司、有线电视新闻广播公司、公共广播公司，英国的英国广播公司、英国空中广播公司，马来西亚广播电视台、日本广播协会、新加坡电视公司和我国的香港电台等，都在互联网上播出了广播电视节目。广播电视与互联网的结合，极大地拓展了节目传输范围，使受众日益呈现出全球一体化的趋势。例如，美国有线电视新闻广播公司的节目上网后，世界各地用户达到 6 000 万，据称每天有数以万计的人查询其“多媒体每日新闻资料库”。世界著名的微软公司与美国全国广播公司合办的新闻节目通过互联网播出后，半年里已有入网用户 2 000 万。当代信息技术已经全方位地影响甚至改变了传统媒体的传播手段、方式与结构，多种媒体(广播、无线电视、有线电视、印刷媒体、电脑网络)的相互融合与渗透越来越明显，信息的穿透力越来越强，这预示着国际传播全球化时代的到来，这个潮流已不可逆转。

回溯过去，我们可以清晰地看到新闻传播与人类进步、社会发展的互动关系：工业革命带来报刊的繁荣，电子技术带来广播电视的发展，计算机、多媒体技术等则揭开了网络时代的序幕；而传播媒体反过来又对社会政治、经济、文化等领域产生作用，并引发深刻的变革，对人们的生活方式、思想意识以至各方面产生着巨大的影响，从而推动社会的发展与进步。

三、我国网络媒体的发展过程

从 1994 年接入互联网到现在，中国的网络媒体发展大致经历了三个阶段。

第一阶段：网络媒体的雏形(1994—1999 年)。

1987 年 9 月 20 日，钱天白教授发出我国第一封电子邮件“越过长城，通向世界”，揭开了中国人使用互联网的序幕。但真正连入互联网是在 1994 年 4 月，“NCFC”工程通过美国 Sprint 公司连入互联网的 64K 国际专线开通，实现了与互联网的全功能连接。从此我国被国际上正式承认为拥有互联网的国家，也就在这一时间开始，中国拥有了互联网，一个月后便架设了国内第一个 web 服务器，推出中国的第一套网页，最后定名为《中国之窗》。

1995 年 1 月 12 日，由原国家教委投资的《神州学人》成为中国大陆第一份网上创办的电子杂志。1995 年 12 月，《中国贸易报》《中国日报》各自创办了网络版，成为国内首批创办网络版的传统新闻媒体。随即，中国的报纸、电台和电视台创办的网络版迅速增加，到 1999 年底，“上网”的报纸、电台已经接近 1 000 家，“上网”的广播电台和电视台超过 100 家。

这个时期我国体育界敏感地接受了挑战，并作出了积极的回应。如：1995 年国家体育总局信息所联通了国际互联网，利用网络收集信息；1996 年国家体育总局办公自动化系统整体上网；之后部分省市区体委或科研所、大多数的体育院校、一些运动项目管理中心和其他体育部门等都相继上网。为在网上建立信息传播阵地，国家体育总局体育信息中心与其他部门合作建立了中国体育信息网页，部分省市区体委也建立了自己的网页。与此同时，国家体育总局科技宏观管理部门组织了建立全国网络的研究和课题立项，使我国体育信息网络方面的理论研究不断深入。此后，一系列重大体育赛事的报道开始在网上出现，1998 年法国足球世界杯期间就诞生了不少网页：世界杯 1998 法国、France 烽火线、法国 1998 足球风暴、1998 法国世界杯、法国 1998 足球之旅……

当时在国内最具有代表性的就是在 1997 年底的世界杯亚洲区预选赛时，四通利方的体育沙龙(新浪体育的前身)聚集了一大批因足球而慷慨激昂的青年人，随着中国队在预选赛上的失利，四通利方的体育沙龙一下子热闹起来，点击率突破百万。福州球迷网友“老榕”在四通利方体育沙龙发出了“10．31，大连金州没有眼泪”的贴子，以平和而动人的语言，叙述了老榕 10 岁的儿子在中国队主场失败后的伤心，以及伤心后一如既往的迷恋。48 小时内，网上有两万多人阅读了这篇帖子，各地媒体纷纷转载这篇文章，体育信息传播的影响力在互联网上已经初见端倪。后来在 1998 年法国世界杯期间，四通利方网站平均每天的点击数为 200 多万次，在世界杯临近最后决赛的日子里，站点每日访问次数高达 300 万次以上，创造了中文网站的最高访问记录，也为后来新浪成为中国著名的门户网站打下了良好基础。

中国网络媒体的兴起也由此拉开了序幕，尽管中国网络媒体发展迅猛，但这个时期毕竟属于起步阶段，当时的传统新闻媒体的网站充其量是原有媒体的网络版，也就是将媒体自身的东西原封不动地搬到网上，而那些商业网站的策划执行人多是技术员出身，没有做媒体的概念，可以说，任何内容网站都还没有把这种“新媒介”包装成为一种媒体产品，缺少良好的体制引导，没有相关的规定出台，整个网络媒体还处于无序发展阶段。当时，尽管商业门户网站每天都在刊发新闻，可一直否认自己是“媒体”，可以不客气地说，当时就是一个“复制”“粘贴”的阶段。

第二阶段：网络媒体转型(2000—2001 年)。

中国网络媒体的这段发展时期形成了两个重要的“群体”。一是继 2000 年 12 月 27 日新浪和搜狐正式获得国务院新闻办公室批准的登载新闻业务资格以后，一批商业门户网站陆续获得了这一许可证。一改否认自己是“媒体”的说法，它们在各种场合都不再回避这一点，而是公开宣称自己是“网络媒体”，甚至宣称自己是网络传播领域中的“主流媒体”。但是，获得了“媒体”的名分，也就意味着新闻的刊发传播必须按“媒体”的规则进行运作。另一“群体”是继2000年开通的北京千龙新闻网、上海东方网、天津北方网等综合性新闻网站之后，2001年各省区市陆续开通的经国务院新闻办公室批准的一批地方重点新闻网站，如黑龙江省的东北网、湖南省的红网、青海新闻网、福建省的东南新闻网、广东省的南方网等，总数已达20多个。这一新闻网站群的形成是对党中央关于加强网络新闻宣传工作指示的具体落实，它们发挥了正确引导网上舆论的作用。

网络逐步走向理性与成熟，许多网站都在网站内容和质量上下功夫，并不断与多方合作探索新的路子，一些体育界以外的新闻部门、综合网站等也建立了体育频道，一些专业体育网站也不断建立。如知名的专业体育网站——华体网就是在2000年7月份建立的。

国家也制定了相应的法规来规范网络媒体的发展。2000年11月，国务院新闻办、信息产业部联合发布了《互联网站从事登载新闻业务管理暂行规定》、信息产业部发布了《关于互联网中文域名的规定》。

法规的建立同时也规范了网络媒体，令之不再像初期那样无序发展。在规范的同时，国内的媒体网站也经历了不同程度的缩水，这是网络媒体的阵痛期，同时也标志着中国的网络媒体逐步走入正轨。一些传统媒体的网络版也逐步成为相对独立、更加符合网络传播运作规律的网站，最明显的特征就是名称的改变。如《人民日报》网络版更名为“人民网”，《广州日报》网络版定名为“大洋网”，《浙江日报》在网络版的基础上建立了“浙江在线”等。

“网络媒体”的概念也在这个背景下提出，此概念较“第四媒体”更为准确，得到业界和学界的认可。当然，它绝不仅仅是一个概念的确立，它还标志着中国的网络媒体进入转型期。这段时期网络媒体主要表现为：大量转载、引进传统媒体的新闻报道，其核心能力是快、全和网络再分类。

第三阶段：网络媒体发展(2002年至今)。

2002 年中国网络媒体的发展及其加强新闻信息传播，是与中国互联网业大背景和中国新闻传播大环境密切相关的。2002 年 3 月 9 日，中共中央办公厅、国务院办公厅发出《关于进一步加强互联网新闻宣传和信息内容安全管理工作的意见》(6 号文件)，这是党中央关于互联网新闻宣传工作的又一个指导性文件。2002 年 11 月 6 日，江泽民在会见“电视与广播博物馆国际理事会 2002 年北京年会”与会代表时指出：互联网的发展尤为迅速，它已成为中国新闻传媒的重要组成部分。这是党和国家高层首次明确网络媒体的地位。事隔两天，11 月 8 日，江泽民在中共十六大政治报告中又指出：“互联网站要成为传播先进文化的重要阵地。”再次明确网络媒体应发挥的作用。

这段时期，网络媒体的主要特征表现在：

除了前一阶段性的消息及时性、内容海量性和交互性外，网络增强了原创性和专题性的发展，如东方网的“今日眉批”、人民网的“人民时评”、新华网的“新华言论”、新浪的“新浪观察”、网易的“网易快评”……形成了一大批原创作者队伍，再加上网络媒体的多媒体方向发展，逐步显现出新媒介在信息传播上的优势。

网络媒体的部分个案报道和某些运作手法则开始显露出“新媒体”的威力。如果说 1998 年法国世界杯时期是体育网站的一个起点的话，2002 年韩日世界杯的网络报道则彰显了网络媒体的风范。新浪融合了多方资源，利用世界最权威的足球赛事技术统计公司提供赛事统计，与 600 多家海内外媒体签约合作，还特约知名主持人、记者、网友来作特约评论员，并派出 6 人的前方报道组，其魄力丝毫不逊于一家传统媒体。

第二节　从大型体育活动和赛事看体育信息的网络传播

一、体育信息网站介绍

（一）大型体育活动和赛事指定的官方网站

网络媒体的迅速发展，能帮助体育组织和机构做好大型体育活动和赛事的推广，打响体育机构的知名度，因此一些相关体育组织都建立了自己的官方网站，例如：

1．奥运会的官方网站

奥运会官方网站(英文)：http：//www．olympic．org/，2004 年雅典(Athens)奥运会(英文)：http：//www．athens2004．corn/，2006 年意大利都灵(Torino)冬奥会(英文)：http：//www．torin02006．it/，2008 年中国北京(Beijing)奥运会：http：//www．beijing 2008．org/。

2．世界杯的官方网站

世界杯 FIFA(英文)：http：//www．fifa．corn/，2002 FIFA 世界杯 TM 官方网站：http：//fifaworldcup．yahoo．corn/。

3．国内体育机构的官方网站

中华人民共和国国家体育总局：http：//www．sport．gov．cn/，中国足球协会：http：//www．fa．org．cn/，中国乒乓球运动协会：http：//www．ctta．com．cn/。

4．专业性的体育网站

这些专业性体育网站是体育信息内容的网上发布站点，提供诸如体育新闻和体育相关的信息背景、资料等内容服务。这些专业网站大多还依托于传统的体育新闻媒体，例如：

(1) 华体网(http：//www．sportscn．com/)。

一家刊发体育信息的专业网站，面向全球华语地区互联网用户，建立基于互联网络的新一代体育平台及综合服务系统，与 MIH 公司合作，拥有较强的国际背景。

(2) 中体在线(http：//www．sportsol．com．cn/)。

由中国体育报业总社主办，具备中国体育报业总社所属 25 家体育媒体丰富的信息资源优势，包括《中国体育报》《中国足球报》《世界体育周报》和《新体育》《足球世界》在内的几十家媒体的授权，代理各家媒体的网上新闻发布。

(3) 体坛周报网站(http：//www．sportsweekly．com．cn/)。

由中国期发量最大的综合性体育报《体坛周报》主办。

(4) 劲球网(http：//www．goalchina．net/)。

《足球》报旗下的网站，在 2002 年韩日世界杯期间推出。

此外，还有东方体育日报网站(http：//www．dfsports．corn．cn/)、球报网(http：//www．ballsweekly．net/)等。

(二) 综合性网站的体育频道

大型综合性网站都会建立体育频道，如新浪体育(新浪网)、鲨威体坛(tom 网站)、东方体育(东方网)、搜狐体育(搜狐网)、雅虎体育(雅虎网)……

(三) 个人网站及其他

个人网站是指个人(大多是一些互联网爱好者)在网上设立的站点。一些体育爱好者自发地为自己所钟爱的球队、运动明星制作了站点，由于个人网站生命周期较短，就不一一列举了。

此外，还有国外的体育网站的中文版，如 ESPNSTAR 中文版(http：//www.21sports.com/)，还有曼联足球队的中国官方网站(https://www.manutd.com/zh)……

2003 年，“中国体育万维网”评出了中国十佳体育网站，名单如下(排名不分先后)：

(1) 人民网体育在线(http：//www.sportsonline.com.cn/)——《人民日报》主办。

(2) 中国体育在线(http：//www.Sportsol.com.cn/)——《中国体育报》主办。

(3) 新华体育(http：//www.xinhuanet.com/nsports/)——新华社主办的体育频道。

(4) 新浪竞技风暴(http：//sports.sina.com.cn/)——新浪网的体育频道。

(5) 搜狐体育(http：//sports.sohu.corn/)——搜狐网的体育频道。

(6) 体坛周报网(http：//www.sportsweekly.con.cn/)——《体坛周报》所办网站。

(7) 劲球网(http：//www.goalchina.net/)——《足球》报的网站。

(8) 东方体育日报网(http：//www.dfsports.corn.cn/)——上海专业体育日报《东方体育日报》主办。

(9) 球报网(http：//www.ballsweekly.net/)——辽宁日报报业集团的子报《球报》主办。

(10) 中国体育信息网(http：//www.sport.gov.cn/)——国家体育总局网站。

二、从奥运会、世界杯报道看体育新闻网络传播的优势

2016 年伦敦奥运会期间有 220 个国家和地区、约 45 亿观众通过各种途径观看奥运会，在奥运史上创下了新的纪录。据 IBM 全球网络统计，对奥运会官方网站(http：//www．olympic．org)的访问量达 2 000 万人次，至于全球众多网站做的相关页面就根本无法计算了。2002 年的日韩世界杯比赛，从 5 月 31 日世界杯开幕后的短短 4 天之内，通过互联网访问世界杯官方网页的点击数已经达到 1.56 亿。

以上数字足可证明互联网所受到的广泛关注。下面，我们就从重大体育赛事的报道上，与传统媒体相比较来看体育新闻网络传播的优势。

(一) 新闻时效性

传统新闻媒体的新闻有严格的截稿时间，有相对较长且相对固定的制作周期。报纸发布新闻一般以日为单位；电台、电视台由于栏目的限制，其新闻发布频率通常也是以小时为单位；而网络新闻利用光纤传播，光纤传递数字信号为每秒 30 万公里，瞬间可传到全球的各个角落。可以说网络新闻媒体的传播几乎没有时间的限制，编辑发稿不是以小时、分钟进行计量，而是以秒为单位进行计量，特别是在重大事件的报道上，优势十分明显。

陈中在获奥运女子跆拳道比赛冠军 5 秒后，东方网对此比赛的成绩快报已经出现在“东方奥运”的主页上了，2 分半钟之后，比赛图片已经挂到网上，10 分钟后详细报道就在网上呈现。这种速度对传统媒体是一种神话，而对网络来说已是平常事。

奥运会期间，作为中国奥运代表团唯一互联网合作伙伴，新浪网对外宣称“比赛结束后 5 秒钟，你就将看到比赛结果；30 秒后，将看到图片；1 分钟之后，将有报道；5 分钟之后，将有详尽报道；新浪奥运网站实时刷新新闻，高峰期间每分钟传递 10 条以上信息。”

网络在时效性上的优势，恰好也符合了体育比赛的特点——瞬息万变，使得网上传播速度几乎与体育事件同步，在重大比赛报道中抢得先机。

(二) 内容海量性

内容的海量性又是网络的一个重要特色。报纸、电台、电视总受到版面或者

时间段的限制，而网络媒体则冲破了这两个方面的限制，与传统媒体有限的信息量相比，网络媒体的容量优势是非常巨大的。

举个简单例子，一张小小的 1.44 M 的软盘容量，可以记录下好几本书，可见数字压缩和存储技术的优势。网页上还有相互进行超级链接的方式，让网络新闻内容在理论上具有无限的扩展性，互联网将各个网站、网页联接起来，可以说整个互联网就是一个巨大的资料库，其容量可谓是无限的。因此，几乎是人们能想到的内容，就能不受限制地放到网上去。

著名的搜索网站谷歌(www．google．cn/)，你输入“奥运”这一关键词，出现和奥运会有关的就有多达 273 000 多张网页链接，可谓奥运会信息尽收眼底。

奥林匹克百科全书网(www．olympicnets．com)日前由“知识在线”(www．db66．com)推出，是一个以《奥林匹克百科全书》为依托的与奥林匹克运动有关的知识性网站。《奥林匹克百科全书》是中国出版的第一部系统介绍奥林匹克运动的百科全书。全书共收 1 276 个条目，约 150 万字，900 余幅图片，全面介绍了奥林匹克运动的思想、历史和现状，以及与奥林匹克运动有关的人物、事件、成就和术语等，完整地展现了奥林匹克运动的全貌，弘扬了奥林匹克运动的伟大意义并普及了奥林匹克知识。

“奥林匹克百科全书网”所提供的信息大大超过《奥林匹克百科全书》本身的信息量，另外新增加了“奥运轶事”“北京申奥”“雅典奥运”“百年回眸”等网上栏目，进一步丰富了《奥林匹克百科全书》的内容。从某种意义上讲，这也是一部动态的奥运数据库，还可以随时进行实时更新，这是传统的纸质媒体无法比拟的。

（三）传受双方的交互性

在传统媒体的传播理念中，传者和受者是严格区分的。前者主动的传播信息，后者被动的接受信息，也就是说，无论报纸、广播还是电视，受众对于传播的内容几乎没有挑选的余地，只能选择看(听)还是不看(听)。现在，网络媒体的受众除了可以在极大范围内选择自己需要的信息外，还可以参与讨论与信息传播。

体育迷们对体育的热爱，绝不仅仅表现为对比赛或运动员的狂热，那种参与感、拥有感同样非常重要。相比之下，传统媒体的可参与性相当有限，中央电视台的“奥运频道”全天的节目中，似乎只有“悉尼猜想”这一档群众参与性节目，而且能参加的奥运迷又是少而又少，绝大多数观众只能坐在屏幕前被动观看，单向接受。但网络不然，通过论坛(BBS)、聊天室、电子邮件(E-mail)等方式，受众不但可以畅所欲言，还能在网上“见”到运动员、教练员，与他们直接交流。

许多奥运会专辑网站里面，都专门为网友开辟了BBS交流，特别是在奥运会期间，论坛相当火爆。在这块自由的园地里，网友们可以直抒胸臆，表达对比赛的看法等等。一时间，网上涌现出了许多颇有见地的业余评论员，他们对赛事的反应迅捷，不待官方媒体正式发言，已在网友群中引起了相当大的反响，而且通过BBS，许多互不相识的网友由于体育观点的相近走到了一起，甚至成立了体育爱好者俱乐部，真正实现了媒体成为“受众组织者”的重任。正如美国麻省理工学院教授尼葛洛庞帝所说：“在网络上，每个人都可以是一个没有执照的电视台。”

除了让网友自由发帖、交谈，有一些大型网站还邀请了体育明星在网上与网友之间进行交流活动，在网友中掀起参与高潮，他们终于能轻松地与平日可望而不可即的运动员、教练员们平等的交谈。还有一些网上互动的 Flash 小游戏，为互动增加了不少趣味性。

(四) 多媒体技术

纸质媒体通过文字和图片传递信息，广播通过声音传递信息，电视则通过画面和声音的有机结合而成为最受欢迎的传统媒体，应该说这些传播方式各有其长短。而网络媒体传播提供了综合性处理文字、图形、声音和图像的新技术——多媒体技术，可以说综合了3种传播方式，以全方位的、立体的、客观的新闻事件报道方式，真正达到有声有色、图文并茂、声情并茂的目的，弥补了各单一传统媒体的不足。

2001年9月12日，国际足联与雅虎(https：//www．yahoo．com/)正式签约合作，2006年德国世界杯时，全世界的人们就可在国际足联网站上查找新闻、资料，还可以在网上观看赛场的现场直播、精彩赛事及精彩进球的回放等。

2018年俄罗斯世界杯期间，国内网站对比赛运用了多种方式进行直播，还有音频直播，一边进行文字直播，一边进行中央电视台的解说员的音频直播，后来也加入了他们直播员自己的声音直播。一些网站如东方网、千龙新闻网面向宽带用户尝试视频直播，也让网民在网上看到了直播的画面，这在国内是一个突破。网站又在直播过程中不断更新比赛相关消息、评论、花絮及精彩图片等，给传统媒体一个不小的冲击。可以预见的是，到下一届世界杯，互联网将把更加丰富多样的报道形式呈现给网民，那时网络媒体将在以后的体育赛事报道中扮演更重要的角色。

以上这些无一不体现了网络的多媒体技术。尽管现实中还有网络带宽、消耗成本高等问题，但随着计算机设备的迅猛发展、网络技术的不断成熟，网络媒体将不断变革和创新，给人们带来更多的意外惊喜。

(五) 突破空间的限制，实现全球化

M．麦克卢汉曾经预言：通过电子传播媒介的整合，地球将逐渐“部族化”，世界将变成一个村落。尽管从报纸到电台，再到电视台，新闻传播所受的空间限制越来越小，但由于种种原因，传统媒体总是有一定空间限制，其受众范围依然有限。而网络媒体突破了这个空间限制，无论人在何处，只要有一台电脑、一个调制解调器、一条电话线就可以上网，浏览世界各地的新闻信息。随着无线上网技术的诞生，更是将上网的自由性发挥到极致。

网络新闻的采编由于网络全球化而突破了传统模式。在悉尼奥运会期间，东方网记者对孙雯(时任中国国家队女足队长)的采访就是在 ICQ 上完成的，用一根网线连接了上海—悉尼，真可谓“天涯若比邻”。

又如，2002 年日韩世界杯时，东方网曾派出两名记者前往报道。记者拿到第一手消息后，立刻通过网络把文字、图片传输过来，再由编辑把稿件放到网上，仅仅用了几分钟，完全突破了时间、空间的限制。

三、网络媒体的出现和发展将新闻运作带入一个新时代

(一) 一个新学科的诞生——电脑辅助新闻学

网络、多媒体等新技术、新媒介的出现，使得传统的新闻报道从采访、写作到传播方式都将发生深刻的变化。电脑辅助新闻学也因此应运而生。

20 世纪 80 年代末，随着功能强大而又相互联系的电脑数据库的出现，随着大批各种政府、企业、事业、商业乃至个人信息、文献、文件、数据的上网和电脑在大众传播业的广泛运用，传统大众传播媒介不仅在生产方式上，而且在采访、写作、编辑、制作、发布等传播方式上，都发生着深刻的变革。一种新兴的新闻报道方式——电脑辅助新闻学(Computer Assisted Journalism，CAJ)在西方发达国家，首先在美国应运而生。

所谓电脑辅助新闻学，主要是指借助在线服务特别是国际互联网络的环球网等进行新闻采集，借助公共或私有的数据库进行数据的收集与分析。

电脑辅助新闻学包括 4 个方面的内容(即 4 个“CAR”)。

(1) 电脑辅助报道(Computer Assisted Reporting，CAR)。

即利用网络上大量的、实时的信息，寻找和发现新闻报道的人物(特别是知名人士及有关专家)和事件线索，寻找报道思想。同时，网络上的信息也是新闻记者寻找和发现新闻报道背景材料的有效渠道。网友通过论坛、留言板、聊天、电邮等方式传达信息，从而使记者、编辑获取新闻线索。

(2) 电脑辅助参考(Computer Assisted Reference，CAR)。

即利用各种在线资源如辞典、百科全书、地名索引、年鉴和汇编等，进行数据的检索和事实的交叉验证。在网上有着相当丰富的资料文献，前面所说的奥林匹克百科全书网就是一个很好的例子。其实很多大型的体育网站都是一个大的体育资料库，运用站内搜索就都可以查到，起到很好的参考作用。

(3) 电脑辅助研究(Computer Assisted Research，CAR)。

即利用在线服务提供的各种报告与文章的数据库、新闻稿以及重要组织机构和个人的环球网主页等，开展与新闻报道有关的调查研究。也有一些关于体育研究的网站，例如，“体育界——中国体育学术网”(http：//www．tiyujie．corn)是一个专门研究体育学术的网站。

(4) 电脑辅助聚会(Computer Assisted Rendezvous，CAR)。

即利用网络上的数千个新闻组、布告牌和新闻论坛等电子讨论组，定期与遍布世界各地的具有相同兴趣、爱好或职业的人们进行访谈和讨论。这是最具有网络特色的一点，大家通过网上平台——论坛、聊天室，就共同爱好或某一话题进行交流，如新浪的体育沙龙、东方网的大话足球、体坛周报网的体苑沙龙……

在世界杯、奥运会期间，记者普遍采用了这四个“CAR”，来发现报道线索，充实、丰富、拓展报道内容，达到空前良好的效果。

(二) 采访、写作、编辑、传播手段的变更

1．采访：网络采访

互联网视频、音频等数字技术的不断发展，使得记者不用舟车劳顿，就可以通过互联网对地球任何地方的人进行采访。只要给电脑多添加些设备，就可以实现与被采访人在网上面对面的访谈，完全不受地域限制，这也将成为一种新的采访方式。可以预计未来新闻采访的主要方式将是网络采访。这种方式大大节约了人力物力，扩大了记者的采访范围，模糊了国内记者与国际记者的界限，提高了采访的时效。

例如，上海申花足球队拉到欧洲进行友谊赛拉练，东方网的一位编辑就用聊天软件 MSN Messenger 与申花老总楼世芳取得联系，直接进行网上采访，获知不少申花在欧洲的状况，真正达到“足不出户”便能采访到新闻，打破了传统的采访方式。

2．写作与编辑：无纸化、超文本、多媒体

(1) 实现写作的无纸化。

现在在网站编辑的桌上几乎看不到纸张，完全依靠键盘、鼠标工作。从写作到编辑完全可以达到无纸化的程度，大大节省了纸张成本，还改变不少人阅读文章的方式和习惯。

(2) 文本结构发生变化。

由线性文本结构为主逐步转变为超文本结构为主，编辑也由线性编辑方式转变为超文本编辑方式：传统的纸质媒体多采取较为单一的线性编辑的模式，而网络媒体集线性、非线性传播于一身，融文字、图片、音频、视频、在线交流、网上直播于一体，互动性新闻可以调动各种媒体的形式和手段，在同一时间实现全方位信息的共同传播。我们把这些手段概括为超文本方式，网络编辑就需要向超

文本编辑方式转化。

打个比方，一场重要的体育比赛的报道，纸质媒体往往只能做文字、图片这样单一线性编辑模式，网络报道却要鲜活、丰富得多：

比赛前：推出相关专题，详细介绍比赛双方(或多方)的背景资料，提供历史资料图片及短片下载，赛前预测……

比赛中：赛事过程用文字、图片或视音频等多种手段进行直播；

结束后：专家评论，比赛花絮等，还可以邀请参赛者进行网上的在线交流。

在整个过程中，网友还可以利用 BBS 进行发言，各抒己见。由此可见网各编辑方式是一种超文本的编辑方式。

(3) 写作方式发生变化。

由原来的文字新闻写作为主变化为多媒体新闻写作方式为主，在传统媒体里，编辑、记者分工比较明确也比较细，有专做文字的，有专做摄影的，有专做摄像的，等等，各自的独立性比较强，而网络媒体则把文字与多媒体有机结合起来。网站采编人员不能只从事文字写作编辑，或某一方面的工作，还要了解并掌握多媒体新闻的制作。网络新闻的写作过程中，要将文字、图表、图片、视音频等多种媒体信息融为一体，形成一种多媒体写作方式。

3．传播手段：网络传输

新闻产品的发行、传送由于网络化、多媒体传播技术的使用，也由传统媒体的单向传送转向以网络传送、无纸传送、网络打印、网络下载为主的方向发展。以电邮、网上聊天工具、BBS 作为传播手段已经非常普及，现在很多传统媒体都开始采用这些方式传输。

4．体育信息网络人才的基本素养

网络媒体的正常运转离不开一大批懂体育新闻、懂技术、懂管理的复合型人才。这些综合性人才到底需要哪些基本素养呢？

(1) 新闻业务素养。

一个网络新闻工作者主要通过采写编发新闻来完成信息传递、舆论引导工作，所以新闻业务也是网络编辑的一项基本技能。特别是网络编辑面对海量信息的处理上，更应该具有新闻从业人员所具备的新闻敏感和辨别能力，能够去伪存真、去粗存精，及时地选择精彩的新闻事实编发出去，提供给受众。

一个网站的部门设置往往比较简单，一个体育频道甚至不足 10 个人，体育网页还要保持 24 小时不断更新，这就需要网络新闻编辑要“身兼数职”，从采写新闻、编辑稿子到刊发到网上都可能只有一两人来完成，这需要网络新闻人员熟练掌握新闻“采、写、编、评、摄”，样样皆通，成为一个多面手。一个好的网站编辑，到了比赛现场要能采访、拍照，回来要能写、会编，最后还要将做好的图片文字“捏”到一起，制成一个精美的体育比赛专题传到页面上。整个过程必须迅速、准确，这对网络编辑能力有着极高的要求。

(2) 电脑知识与网络技能。

网络新闻工作者首先要掌握电脑知识，会熟练操作、运用相关的软件(如 Office 系列、Photoshop 等)，提高自己电脑写作的能力；其次还要学会借助网络进行采访的能力，例如：在互联网上发现新闻线索的能力、如何在互联网上收集背景资料、利用 MSN、网上聊天、电子邮件或新闻组等手段进行采访，把写好的稿件第一时间发回编辑部等等。

网络新闻工作者作为一个多面手，不仅仅会用笔和电脑，还应该成为多媒体采访和编辑的行家里手，能使用数码相机、数码摄像机、数字录音笔等工具采访出多媒体新闻发回编辑部，后方编辑也要有熟练地将文字、音频、视频整合处理的能力，多手段地展示新闻的魅力。

作为一个网络新闻工作者同时还要懂得网页的排版、制作，以及利用代码做一些特效等一些基本知识，这样才能让新闻更鲜活，更吸引人。比如，重大体育赛事给标题加红色等，这都是通过 html 代码实现的。

(3) 其他一些素养。

如外语水平的素养。在网络时代，需要较高的外语水平，特别是英语水平。现在英语是国际语言，在网上，英语的网站同样占领着主导地位，所以网络媒体工作者必须熟练掌握英语，这样才能更充分的利用互联网这一巨大的资源，多与外界交流沟通。作为体育网络传播工作者还应具备较厚实的体育知识功底。

再如网上的职业道德素养。网络新闻工作者还应有良好的职业道德：首先要自觉维护新闻的真实性、新鲜性；其次，要树立为网民服务的观念；最后，应该尊重作者的著作权，转载须注明来源、作者等。

四、网络媒体的缺陷和不足

如同一切技术进步一样，网络也是一把“双刃剑”。尽管网络媒体拥有极强的魅力，但同样有许多不足之处，有些优势往往会成为它在网络传播中的劣势，这就需要用辩证的观点来分析这个问题。

（一）网络的无序性

比尔·盖茨曾经说过，“信息高速公路将会通往许多不同的目的地”。

只要你能上网，就可以通过聊天室、公告牌系统(Bulletin Board System，BBS)、留言板等多种方式随意发布信息。如果个人多了解些网络技术，还可以自己建站发布信息。网络完全模糊了传者与受者的界限，致使网上有害信息、虚假消息泛滥。再加上网络内容的海量性，有时对这些信息进行筛选很难，很容易在网上产生失实信息。假消息一旦发布，随即可能被众多网站广泛转载，就算立即删除也难以弥补。

当重大的突发新闻发生时，许多人首先从网络上获取信息，但他们往往还要根据传统媒体或是权威网站来核实，这充分说明了一些网络媒体在信息失实上的严重性。

就笔者的从业经历，政府背景的官方网站都有着自己的一套管理措施，以东方网为例，新闻中心专门设立了一套新闻编辑流程，并设有新闻主管进行监督，最大程度上杜绝了假新闻、不良新闻的产生。东方网 BBS、聊天室不但在系统上进行敏感词汇过滤，还设立专人进行管理引导，使网友在网上能有一个健康向上的交流环境。

（二）网络信息沙漠化

内容海量是网络最大的优势之一。许多网络新闻媒体认为要成为一个大型网站，就必须有海量的信息，一些新闻信息即便没有较大的传播价值，也可以放在网上，以备检索。对于网上受众来说，每天有较高价值的新闻毕竟是少数，大量新闻出现在页面上，就会造成信息过剩、信息沙漠化，这只有让网友自己从无数信息中去找自己想要的。

据统计，新华网、人民网、千龙新闻网和东方网等大型权威网站的信息日更新量都超过了 2 000 条，有的甚至超过了 3 000 条。大型权威的新闻网站确实需要一定的日更新量，但其数量的多少还值得商榷。海量信息确实是网络的一大特色，一个有特色的网站应该把网上无限的信息重新整合、筛选、分类，把最精彩的留给受众。网站的编辑们就是做这些方面的工作，编辑们就要有“吹尽狂沙始到金”的精神。

（三）网络的全面开放易造成版权纠纷

由于网站的信息是全面开放的，在很多方面还没有进行界定，容易引发版权纠纷。如曾经两大著名商业网站就网上关于体育、财经新闻的版权问题大打“口水战”，互相指责，最后还是通过法律来解决问题。

关于版权，不仅仅局限在网站之间，网站与传统媒体也有冲突。“榕树下”文学网站与中国社会出版社打官司。中国社会出版社未经网站授权而取用了“榕树下”享有专有出版权的 9 篇文章出书，因此被上海榕树下网站推上法庭，后来网站胜诉。这一侵权案为“网络版权”这一全新概念的诞生立下了功劳，但也从一个侧面看到网上著作版权的无序性。“榕树下”这样形成了一定规模的网站尚可为自己的利益进行争取，而那些个人网站、论坛上的文章抄袭、剽窃现象时有所见，造成很多纠纷，一时很难解决。

克服这种无序现象，需要相关单位和部门从实际出发制定有关法律、法规，界定网络作品的版权，保护原创作品，打击侵权行为。在网上也形成一种“网上美德”，从道德思想上规范网络的行为。

（四）网络设备、知识对受众还有限制

受众上网获取信息的条件包括：硬件上，需要电脑及相关设备；软件上，还得具备一定的电脑技术知识，浏览国外网站还需有一定的外文基础。这种种原因

限制了受众对网络的使用。

在体育比赛进行网络直播时，是通过流媒体进行传输。人类传播技术手段在经历了符号传播、语言传播、印刷传播、电子广播传播和互联网新传播之后，又跨入综合图文、信息、声音、动画的实时在线传播的“流媒体”传播阶段。所谓流媒体(Streaming Media)就是指在网络上使用流式传输技术的连续播放媒体。

而传输流媒体就需要一定带宽进行传输，而目前我国的固定宽带用户占国内网民总数的 1/3 左右。拨号上网导致带宽不足、网速太慢，就会限制网上视频、音频的播放，流媒体传输技术无法充分运用，大大降低了网站内容的精彩性。

现在很多流媒体信息多是电视台、电台的节目成品(如体育比赛的现场直播)，原创作品还处于初步发展阶段，节目的质量(尤其是视频清晰度)不是很高，这必定会影响人们对网络的兴趣。当然随着社会的进步、科学技术的发展、设备的更新、知识的普及，这些问题都会慢慢迎刃而解，流媒体信息的传播还是大有可为的。

(五) 互联网诞生以来，被不良分子利用而产生负面效应

1. 电脑黑客

“黑客”一词是英文 Hacker 的音译。《牛津英语词典》解释“Hacker”一词涉及计算机的义项是:“利用自己在计算机方面的技术，设法在未经授权的情况下访问计算机文件或网络的人。”

现今一些黑客凭借自己的技术，利用网络传播的缺陷，为达到个人目的四处出击，对于整个网络安全造成了极大的威胁。据统计，目前全世界几乎每 20 秒就有一起黑客事件发生，仅美国每年由黑客破坏所造成的经济损失就超过 100 亿美元。据美国军方的一份报告透露，2017 年，五角大楼计算机网络受到黑客攻击达 300 万次之多，虽然达成目的者不多，但对网络安全是非常巨大的威胁。我国的黑客入侵事件也屡见报端，以提供即时新闻而闻名的新浪网就曾经遭到来历不明的黑客袭击。这些都给人们敲响了警钟，随着计算机互联网的普及，人们的网络安全意识也应相应提高。

2．利用网络进行犯罪活动

网络犯罪是指犯罪分子利用编程、加密、解码技术或工具，或利用其居于互联网服务供应商(ISP)、互联网信息供应商(ICP)、应用服务供应商(ASP)等特殊地位或其他方法，在互联网上实施触犯法律的严重危害社会的行为。

网络成为犯罪行为的载体和工具，而犯罪行为所造成的危害不仅仅局限于计算机网络，有可能从网上到网下，从虚拟到现实，渗透到社会生活的各个领域。

对于犯罪活动一定要坚决打击，这就需要制定相关的法律法规。在这种背景下，欧洲外长会议正式通过了《网络犯罪公约》，并于在布达佩斯召开成员国大会，将公约提交给成员国和观察员国签署。这是第一份关于打击互联网犯罪的国际公约。除了在法制上加强外，还要规范网络道德建设，从法制和道德两个方面共同杜绝网络上的犯罪活动。

3．利用网络进行赌博

有了网络，坐在家中方便快捷地参赌成为可能，只要拥有电子信用卡即可。利用网络进行投注，令人防不胜防。奥运会期间，互联网上(不完全统计)有 140 家接受对奥运下注的站点，赌客分别来自 100 余个国家。在国内同样有此类案件，日韩世界杯期间，湖北省武汉市公安机关破获了一起网上赌博案，一些犯罪分子在澳门开设账户，通过互联网，利用计算机操作，引诱部分球迷及赌徒押注赌博，从中牟利。比如，2002 年世界杯期间土耳其队与中国队、巴西队与哥斯达黎加队的两场比赛，押注金额就高达 46 万余元，可见赌祸危害之烈。

(六) 电脑病毒泛滥

电脑病毒是一种隐藏在计算机内，并且会繁殖、传染并影响计算机正常运行的程序。1983 年计算机病毒首次被确认时，并没有引起人们的重视。直到 1987 年，计算机病毒才开始受到世界范围内的普遍重视。我国于 1989 年在计算机界发现病毒。至今，全世界已发现数万种病毒，并且还在高速度地增加。

面对电脑病毒的肆虐，我国也采取了一些措施，在 1994 年颁布实施的《中华人民共和国信息系统安全保护条例》和 1997 年出台的新《刑法》中增加了有关对制作、传播计算机病毒进行处罚的条款。公安部颁布实施了《计算机病毒防治管理办法》，进一步加强了我国对计算机的预防和控制工作。许多大型网站都拥有各自的防火墙技术与一支网管队伍，建立起了一套行之有效的预警措施来阻止计算机病毒。

第三节 体育网络传播的发展前景

一、网络日益受到重视

任何一种媒体，只有当它达到一定的规模时，才能在传播领域占据主导地位，从而被称为“大众传媒”。按照美国学者的标准，一种媒体使用的人数达到全国人口的20%以上，才能被称为大众传媒。在美国，达到5 000万人使用这一标准的大众传媒，广播用了38年，电视用了13年，有线电视用了10年，而计算机网络只用了5年。由此可见，互联网的出现及普及，将引起媒介市场的重新划分，越来越多的传统新闻传媒的忠实阅听人将转向互联网这一新媒介。

从《中国贸易报》“登陆”互联网以来，我国内地媒体网站从无到有，已逐渐成为网络新闻媒体的一个重要组成部分。我国内地所有省、市、自治区均有了新闻媒体网站；到2017年4月，我国内地已有数千种报纸上网，其中730多种报纸有独立域名；在网上建立站点的电台(包括系列台)共有68个，以电台栏目单独建立的网站70多个，跨媒体网站数十个；上网电视台共有1000多家。

21世纪初，网络发展史上又写下了浓墨重彩的一笔：2000年1月10日，美国在线(AOL)公司宣布以1 810亿美元收购时代华纳公司，成为美国乃至世界历史上最大的一宗企业兼并案。两家公司合并后，将一跃而为世界第七大公司，市值总额和认股权证的交易总额达到3 500亿美元。新公司冠名为AOL时代华纳公司(AOL Time Warner Inc)。对此各类大众传媒一致惊呼：仅有16年历史、1.5万名员工的网络媒体企业，居然吞并了有79年历史、7万员工的美国王牌媒体企业!合并后AOL时代华纳是一家集电视、电影、杂志和互联网为一体的超级媒体公司，跻身于《财富》全球500强行列。这一事例预示着网络事业将以人们无法想象的高速度扩张和发展。尽管AOL时代华纳集团最近面临一些矛盾，需要进行协调，但这次合并事件本身在世界网络发展史上具有里程碑意义。

2000 年悉尼奥运会开幕前，国际奥委会就郑重声明将对互联网进行监视，以阻止未经授权的奥运赛况网上转播。2001 年国际奥委会逐渐解除禁令，宣布将给予来自 10 个国家的 17 家体育网站采访报道 2002 年盐湖城冬奥会的权力，但前提是这些网站不得对奥运赛场作现场直播，不过国际奥委会又表示对于那些电视转播覆盖面相对较窄的运动项目，允许在网络上进行转播。奥委会执委何振梁在洛桑接受新华社记者采访时认为，未来网络媒体将有助于体育更加深入人心，进入千家万户。于 2008 年奥运会，国际奥委会将采取网络报道权和电视转播权打包出售的方式，出售奥运信息，而美国 NBC 不惜以 35 亿美元重金，买下了 2008 年奥运会在美国的独家转播权，接下来的伦敦奥运会与里约奥约会的转播权均以创纪录的数字成交。

从奥运会对网络转播态度的转变，可见互联网日益受到多方重视，2004 年的雅典奥运会、2006 年德国足球世界杯、2008 年北京奥运会、2012 伦敦奥运会、2016 里约奥运会、2018 世界杯……这一系列重大赛事都不会少了网络这个工具，经过不断努力，互联网的发展将被推向一个新高度，促进这个信息世界的转变。互联网将会像电话、电视一样成为人们生活中不可缺少的一部分，更好地为人类服务，让人们的生活变得更加丰富、精彩。

二、我国体育网络传播发展前瞻

经过几年的探索、发展，我国网络媒体逐步显露新媒体的力量，设备不断更新，人才队伍也在日益壮大。不少传统媒体的记者转行到网站工作，“网络记者”也初现雏形，在一些体育赛事的新闻发布会上，时常可以听到“××网站记者”的提问。可见现在的网络媒体已成为媒体舞台上一股不可忽视的力量。

下面，从以下几方面来谈谈我国体育网络传播的发展方向。

（一）特色化——网络原创报道

现在人们对网站的要求越来越高，简单的海量发布信息的网站已无法立足。现在的新闻媒体网站都在培育特色化，一些网站在走地域化、专业化的道路。网站的特色化都是建立在网络原创报道的基础上的，以“3C”模式为主体的网络原创报道将被大量应用。作为传送体育信息的网站，更是首当其冲。

1．第一个“C”：Confirm(确认式采访)

网站编辑频繁接触大量的新闻原始素材和纷杂的新闻线索，通常他们能够第一时间捕捉到很多未被证实的消息或传言。同时由于互联网沟通的及时性和方便性，很多“当事人”和“知情人士”也会主动将一些具有轰动效应的新闻线索直接上传到网上论坛或者发 E-mail 给网站编辑。

根据网络报道的特点，其主要优势在快速、及时。上述提到的新闻线索一般还没有记者涉及，而且绝大多数事件仅仅需要向当事人确认网上某某消息是否属实后，就可以撰写出一则绝对独家、首发的新闻报道。

这种情况在体育赛事报道中应用得更是广泛，比赛结果一出来，网上便有快讯报道，虽然报道只有寥寥数字，但也是受众最想了解的信息，充分体现了体育领域“更快”的精神，接着上图片、增添背景资料、撰写详细报道等先声夺人的做法也充分体现了网络的特点。

“Confirm”型报道已经在很多网站普遍使用，这也是最简单的原创手段。网站上的独家新闻往往就是这种确认式的采访。

2．第二个“C”：Comments(评论式采访)

与“Confirm”配套的一种网络原创报道，被称为“Comments”。顾名思义，网络编辑捕捉到某个新闻事件后，可以立即针对此事采访相关的“当事人”“竞争对手”“政府官员”“专家学者”，甚至“普通老百姓”等，并立即组织成一个鲜活的、有血有肉的述评性新闻报道。

现在常采用的一些做法，就是把一些体育论坛、留言板上面的热门讨论、热门观点进行重新梳理、编辑成稿，还有“E-mail 问卷采访”“网友调查/投票”等新型方式，收集到十分具有新闻价值的“Comments”。网友的思维是活跃的，灵活运用这些内容对网站将大有裨益。网上流传着一些经典网文，为人们所津津乐道。人们十分爱看体育新闻评论，但限于版面、时段，平面媒体、数字媒体提供的评论往往数量少，角度也比较单一，但在网络上，却活跃着一批体育评论写手，如王小山、老榕、悉尼球探、棋哥等。如今网站都把这些有号召力的网友推到页面的显著位置，在关注体育新闻的同时，也能看到这些体育热评，这种方式深受网友的好评。

3. 第三个“C”：Chat(聊天式采访)

这里的“Chat”是指“网上嘉宾聊天室”，与互联网上开放的聊天室不同，通过“嘉宾聊天室”，网络编辑可以把某个突发新闻事件的当事人和必要的相关采访对象一起请到网上的“聊天室”里，实时向受众播出采访的全过程。同时，在嘉宾聊天采访的过程中，网友还可以参加进来，就感兴趣的话题进行讨论，采访结束后，可以将采访要点撰写成一篇系统的访谈式新闻报道。

Chat 型采访在 2002 年已经较常见地用于互联网原创报道。这种综合了视频和文字报道，又同时具有实时交互性的崭新采访方式将被越来越多的网络媒体所采用。

东方网也邀请过许多体育明星来进行嘉宾聊天，马良行、张玉宁、刘玉栋……一方面聊天过程能够引来大量的网友观看、提问，另一方面就是挖掘嘉宾聊天过程中的新闻线索，这些都是网站独家的报道。独家报道对于网站可谓是弥足珍贵。

(二) 融合——与传统媒体互补共生

AOL 时代华纳董事局主席史蒂夫·凯斯(S. Case)曾经这样说：“每个 10 年都有与之联系的词。20 世纪 80 年代，这个词是个人电脑。90 年代，这个词是互联网。而接下来的 10 年，关键词将是融合。”

这里的融合包含两个方面的意思，一方面是指网络媒体与传统媒体相互协调、互补共生。正如当年电视的诞生，同样没有造成广播、报纸的终结，而产生了三分天下的局面。可见媒体间的协调、融合、互补、共生将是今后传媒界所瞩目的焦点。网络媒体固然有很多优势，但毕竟诞生只有一二十年时间，根基还比较薄，而传统媒体拥有厚实的基础及成熟模式，只有相互融合、更好的合作才能发挥更大的作用，共同开辟出一片新的天地。

不少媒体已经开始行动起来了。2000 年 5 月，上海最主要的 9 家新闻单位共同参股 6 亿元组建了东方网，其中东方网不少员工还是从传统媒体转行而来的。

在悉尼奥运报道期间，新浪网与中新社、中国体育报业总社，新华社与华体网，E—long 与 CCTV 都建立了战略合作伙伴关系。2001 年 5 月 25 日，中国知名体育网站华体网(http：//www．sportscn．com/)与全国发行量最大的体育类报纸《体坛周报》宣布双方结为“长期战略协作伙伴关系”。李嘉诚旗下的 TOM 集团收购了内地体育网站鲨威体坛，后又并购了新浪网。新浪网与阳光卫视宣布相互持有对方的股份，进入“你中有我，我中有你”的股权合作阶段。这标志着新浪第一次正式确立自己的跨媒体发展战略。

第二个方面，是指网络媒体报道与大型体育活动和赛事信息内容上的融合。这里的融合不仅仅是简单复制些体育新闻报道，而是要进行更深层次的合作。大型体育活动和赛事需要借助网络阵地进行宣传，而网站则须借助大型体育活动和赛事的独家报道来扩大自身知名度。“四通利方”(新浪网的前身)就利用法国世界杯着实火了一把，利用论坛进行比赛直播在当时是一个创举，一下子吸引了大量网友观看并留言，那段时期平均每天页面浏览量超过 200 万，给现在知名中文门户网站——新浪打下了厚实基础。

而在 2018 年俄罗斯世界杯期间，其官方网站(Fifaworldcup．com)在一天内的访问量创造新高，达到了数亿次。比赛时，韩日世界杯官方网站的总点击率为 17.5 亿次。在世界杯这样级别赛事的网络传播中，众多大型网站都会趋之若鹜，这也将成为体育网站的又一个增长点。

(三) 信息整合——兼顾大众、分众、个众

尼葛洛庞帝在《数字化生存》一书中提到，在信息时代中，大众传媒的覆盖面经历了从大到小的变化，一方面传播媒体拥有越来越多的观众和读者，其传播的辐射面变得更为宽广，而另一方面针对特定读者群的传播又变得越来越小。

精彩、激烈的竞技体育比赛是力的抗争、智慧的较量，是实力、毅力、意志、胆识的集中表现，是健与美的高度结合，历来受到人们的广泛关注和欢迎。

在我国，由于经济的迅速发展，人们生活水平和文化素质的提高，体育运动愈来愈成为社会发展和人们生活所不可缺少的内容。科学技术的进步，人们闲暇

时间的增多，使人们的生活方式与行为模式发生了很大变化，在追求物质文化生活的同时，人们愈加重视自身的健康状况。现代人把经常从事身体锻炼作为生活方式的一个重要内容与标志，是人类文明发展的必然。

随着科学技术的发展，人们希望能更快速获得体育信息，网络正是能及时、准确、全面的向大众传递体育信息，为受众服务，必将成为新世纪受众获取体育信息的重要途径。

现代社会中，由于人们的社会地位、经济条件、文化素质、生活方式、兴趣爱好等方面的差异，人们对体育观念的理解、参与体育活动的方式方法、钟爱的体育项目都会有所区别，因此对体育信息的需求体现出个性化。网络媒体有责任在海量信息中，认真予以分类、整合、去伪存真、去粗取精，兼顾大众、分众、个众的需求，迅速及时、有的放矢的提供信息服务。首先是将体育信息科学分类，便于大众搜索。其次，充分利用网络技术优势，做好为分众、个众的信息服务。例如，网民可在“My Yahoo”中选择订阅自己感兴趣的和所需要的信息类型，网络通过广泛收集和整合，一有你所选的此类新信息，就会立即发送到你的信箱中去，只要你一打开自己的信箱，所需信息会尽收眼底。现在还有许多体育网站与手机短信联系起来，一些体育网站开出了体坛速递、足彩手册、即时比分、精彩图片、互动游戏等等类别的短信服务，及时提供不同的信息来满足有不同需求的受众。

同时，还可以针对一些特殊的“个众”，如运动员、教练员、裁判员、体育行政官员、体育记者、社会体育指导员、体育中介工作者、体育用品经销商等，网络媒体可以为他们提供“量身定制”的体育相关信息，使他们享受到尽善尽美的信息服务。

第五章 体育传播的效果及其测量

第一节 传播效果研究的历程与理论审视

传播学者对传播效果的研究经历了近百年的历史。百年时间的传播效果研究走过的却是一条艰难而曲折的道路。为了从宏观上对传播效果研究有一个整体的把握，避免只停留在零碎的、个别的、少数人的传播效果理论研究上，运用历史唯物主义的观点，对传播效果研究的历史轨迹进行梳理是非常必要的。

一、对传播效果研究历程的探索与回顾

最近二三十年间，传播学者对传播媒介对个人和社会的影响以及它们的具体作用进行了系统的分析和研究。

(一) 传播效果研究的探索历程

最初是伊莱休·卡茨(E．Katz)在 1977 年对 1935—1977 年的传播效果研究进行了一次扫描式的归纳和比较。卡茨通过对 42 年的传播效果研究，认为其间可分为三个阶段和三种理论：

(1) 昙花一现期(1935—1955 年)。

媒介映像是“媒介万能”，美国经济大恐慌、准备参加世界大战的社会现实使得受众之间相互隔离、消极被动，这个阶段的研究者代表人物为坎特里尔和拉斯韦尔。

(2) 苦闷焦虑期(1956—1960 年)。

此时的媒介映像是“效果有限”，人们失望地发现传播媒介极难改变一般人的态度或行为，社会政治、经济情况恢复正常，受众回归到社会团体、关系和规范之中，其间代表人物为拉扎斯菲尔德和施拉姆。

(3) 凤凰涅槃期(1960—1977 年)。

此时的媒介映像是“效果相当强”，人们看到传播媒介在反越战、妇女解放运动、青年暴动、水门事件等一系列社会动荡中的突出作用，加上麦克卢汉在其著

作中对传播科技作用的鼓吹，学者们重新恢复信心，社会动荡的现实使得受众主动追求特定目标，研究范围日益扩大，这个时期的研究者主要有卡茨、布鲁姆勒、麦库姆斯和德弗勒。

1981 年，美国传播学者赛弗林(W. Severin)和坦卡德(J. W. Tankard)在合理吸收了卡茨等人关于效果研究的三个阶段划分的有用成分之后，将前后传播研究的时间又做了相应的延伸，并对效果研究的轨迹做了四点理论概括，即“枪弹论”(1914—1940 年)、“有限效果论”(1941—1960 年)、“适度效果论”(1961—1972 年)和“强大效果论”(1973—1980 年)。

他们承认用“理论”这个词来概括四个阶段的研究可能是过于高级了，因为它们只是对大众传播效果的一些看法，远非系统的科学理论。但是，把这些看法概括成一句短语，冠之以“论”，则使人们可以很清楚地看到这些理论处于循环的特点。而且，这种循环并非返回原来的“枪弹论”的起点，而是呈螺旋形向前渐进。然而，“强大效果论”作为赛弗林和坦卡德的大胆设想，尽管也有理有据，但以后的传播效果并未像他们所预言和期望的那样强大。

1988 年，罗杰斯(E. Rogers)又将赛弗林和坦卡德的四个理论做了调整，将“适度效果论”和“强大效果论”的整个 20 年时间并入“条件效果时代”。他将 1940 年以来的传播效果研究的历程分为三个时代：①微弱效果时代(1940—1959 年)，媒介映像是“媒介效果微弱”；②条件效果时代(1960—1979 年)，媒介映像是“媒介效果可强可弱”；③分层效果时代(1980 年至今)，媒介映像是“媒介效果有强有弱”。

罗杰斯的条件效果时代在时间划分上与适度效果阶段有些不同，其各自的内涵也不太一样。罗杰斯认为，传播媒介唯有在特定的情况下才有效果，“可强可弱”代表着不同的媒介、不同的受众，在不同的条件下，将有着不同的效果。

在分层效果时代，媒介效果的“有强有弱”将“可强可弱”又推进一步——在大众传媒兴起之后的信息时代，大众传播到“分众化”(或称“小众化”“窄播化”)实乃大势所趋。在条件效果时代，受众虽然是视状况而定的“受众”，但还是一个统一的整体；而在分层效果时代，受众将成为特定层面的“受众”，被分割成一群群、一块块。尽管罗杰斯在提及“分层效果”问题时，概念界定还有点含糊不清，也缺乏更深入、详尽的论析，但他毕竟提供了一个进行全面、系统描述和分析的启迪和构架。

必须指出的是，罗杰斯的划分有一点存在质疑：他将真正的大众传播效果研究，只从20世纪40年代开始算起，认为其有一系列的脉络可寻——从乐观的大效果时代转变为悲观的小效果时代，再到视状况而定的条件效果阶段，直至信息社会中的分层效果时代，而忽略在此之前的“魔弹效果论”(Bullet Theory)，并认为，在传播效果研究的历史上，根本就不存在“魔弹论”或“皮下注射论”，这是不符合实事求是的历史发展规律的。

在传播效果研究初期，“魔弹论”一经出现就引起了世人的瞩目，被广泛地运用于各个领域。首先，大众传媒自身的超强影响力，使人们在它们磅礴的气势和普遍的渗透力面前，难免会产生一种敬畏心理，所以用“魔弹”来形容传媒的这种强大效果也就恰如其分；其次，第一次世界大战是人类历史上首次以国家为单位大规模地、有组织地、动员一切力量全面进行宣传战和心理战的战争，双方为了团结自己和瓦解敌人，几乎使用了一切可以使用的宣传手段，所以在很多战史研究者眼里，极力渲染的宣传似乎成了左右战局进展的唯一决定因素；加上当时西方流行的本能心理学和社会学的盛行，种种理由都导致魔弹论在传播效果研究史上毫无疑问地占有一席之地。

（二）对大众传播效果研究的发展阶段及其理论的描述

既然不同历史时间段对于大众传播效果有着不同的估计，我们用一个变化的曲线来表示20世纪大众传播效果的研究轨迹，并加以说明，则一目了然(见图5-1)。

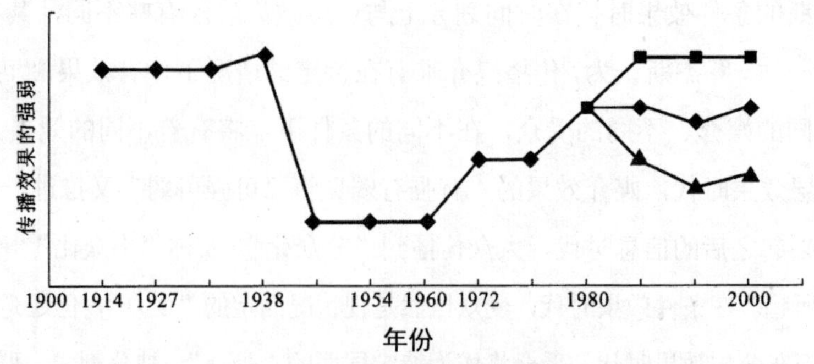

图5-1　20世纪大众传播效果的研究轨迹

(此图根据赛弗林和坦卡德(1985)以及邵培仁(2000)的著作绘制)

20 世纪大众传播效果的研究历程可分为四个阶段：①魔弹效果时代(1914—1940 年)；②有限效果时代(1941—1959 年)；③条件效果时代(1960—1979 年)；④分层效果时代(1980 至今)。

任何一门学科都建立在一系列概念有机结合的基础之上。回顾了历史，我们有必要对传播效果作一些阐述。其实，传播效果研究的历史演变本身就一步步地影响到传播效果概念的廓清和完善。传播效果研究史上发生的许多理论分歧，都与对效果概念的把握和理解不同有着密切的关系。

所谓效果，狭义上是指行为者的某种行为实现其意图或目标的程度，广义上则指这一行为发生后对他人和周围社会所带来的一切影响和后果。在传播学研究领域，传播效果这个概念也具有双重含义：一方面，传播效果指带有说服动机的传播行为在受传者身上引起的心理、态度和行为的变化；另一方面，传播效果是指传播活动对受传者和社会所产生的一切影响和结果的总和，不管这些影响是有意或者无意、直接或者间接、显在或者潜在。于是，传播效果本身就构成了这项研究既相互联系又相互区别的两个重要方面：一是对效果产生的微观过程的分析，二是对它的综合、宏观过程的考察。

传播效果的研究历程也是一个从微观到宏观的过程。从 20 世纪早期的魔弹论，到 40—60 年代的微弱效果论，到 60—80 年代的条件效果论，再到 80 年代以来的分层效果论，人们对大众传播效果的认识也经历了一个不断深化的过程。20 世纪很长时间里，人们对传播效果的理解都只停留在受众在态度和行为上的转化和变动上。这种狭义的理解，在传播学研究的初期就体现在战时宣传研究和总统竞选研究上。直到 21 世纪中叶才将考察重点转移到大众传媒对社会的运行、变化和发展所产生的宏观效果上来。

前面我们对传播效果研究进行了较为细致的历史考察，下面我们对传播效果的形成及其发生机制逐一作出分析，以便更全面地对传播效果研究有一个清晰的思路。

二、传播效果的产生过程与制约因素

任何一种有目的的传播活动都希望取得良好的传播效果，但效果的产生却往往不以传播者的意志为转移。传播效果的产生是一个十分复杂的社会过程，从发出信息到受众接受信息，中间存在着许许多多的环节和因素，每个环节或者因素都可能对效果的形成发生重要的影响。因此，我们必须对传播效果的诸种层次、要素相互作用的集合效应有一个认真的剖析。

（一）传播效果的层面

传播效果可以分为不同的层面。传播效果依其发生的逻辑顺序或表现阶段可以依次分为三个层面：外部信息作用于人们的知觉和记忆系统，引起人们知识量的增加和知识结构的变化，属于认知层面上的效果；作用于人们的观念或价值体系而引起情绪或感情的变化，属于心理和态度层面上的效果；这些变化通过人们的言行表现出来，即成为行为层面上的效果。从认知到态度再到行动，是一个效果的积累、深化和扩大的过程。

上述三个层面既体现在具体的、微观的传播过程中，也体现在综合的、宏观的社会传播过程中。以报刊、广播和电视为代表的大众传播的社会效果的三个层面如下。

1. 环境认知效果

在现代社会，我们对周围世界的知觉与印象在很大程度上依赖于大众传播媒介。大众传媒传递的信息不是有闻必录的，传媒报道什么，不报什么，从什么角度进行报道，都在影响受众对周围环境的知觉与印象。这在传播学里也被称为“视野制约效果”，即大众传播制约着我们观察社会和世界的视野。

2. 价值形成与维护效果

大众传媒在报道新闻和传达信息的过程中，通常包含着是与非、善与恶、美与丑、进步与落后等等价值判断。大众传媒提倡什么，反对什么，客观上起着形成与维护社会规范和价值体系的作用。这种作用是通过传播的舆论导向功能发挥出来的，它可以通过舆论引导形成新的规范和价值，又可以通过舆论监督来维护既有的规范和价值体系。

3．社会行为示范效果

大众传媒的影响不仅仅表现在认知和价值取向的领域，它们还通过向社会提示具体的行为范例或行为模式来直接、间接地影响人们的行动。大众传媒具有“地位赋予”的功能，一种行为如果得到传播的广泛报道和大力推广，必将盛行一时，时尚和流行就是这样在大众传播的推动下为普通大众所效仿和传播的。

（二）传播效果的制约因素

制约传播效果的因素是多种多样的。在大众传播活动中，从事件的发生、信息的采集、整理到编码、传递，从传播者、守门人到中介者、受者与传者，从接触信息到产生效果，这无疑是一个相当复杂的系统工程，其中肯定有直接或间接的因素。

1．人的因素是制约传播效果的关键因素

人是传播的主体和受体，传播是人类的精神特权，因此人的因素对传播效果的变化起着举足轻重的作用。在传播效果的形成过程中，传者无疑居于最重要的位置。传者不但掌握着传播工具和手段，而且决定着信息内容的取舍，作为传播过程的控制者发挥着主动的作用。其次是受者，受者的预存立场、个人经验、智能结构乃至性别年龄、个性特点、职业、文化程度、兴趣爱好等因素通常都是影响传播效果形成的关键因素。

两级传播的观点如今正在被多级传播所取代，在传播过程中制约效果形成的人主要有四类，他们分布在传播渠道的各个关口。

(1) 传播者。

作为信源，其个人地位的高低、资历的深浅、知识的多寡以及其个人的政治立场、品德修养、心理素质、工作效率等等，都是与传播效果的发生、发展有着密切联系的制约因素。

(2) 把关人。

作为信息的发布者，一切有权取舍信息、可以进入媒介广为传播的编辑、导播、记者、导演、制片人、媒体领导都是把关人。这些人以什么样的观念、价值、标准和习惯对大量的待传信息进行编码的过程，都会直接影响到传播的效果。

(3) 中介者。

这类人是传播者与受传者之间的联系人，有人称之为竞选信息传播中的“意见领袖”，也有人称之为信息传播中位于全体受众之前的“主要受众”和“次要受众”。卡茨等人曾在《个人影响》中提出了测定意见领袖的三项指标，即“生活阅历”“社交性”和“社会经济地位”。他们发现，这些指标在不同领域的重要性是不一样的。例如，在购物、时尚、娱乐等领域，意见领袖最重要的素质是“生活阅历”，其次是“社交性”和“社会经济地位”；而在社会政治问题上，意见领袖最重要的素质则是“社交性”，其次是“社会经济地位”“生活阅历”则并不那么重要。

(4) 受传者。

受传者的个性倾向、群体归属和群体示范的影响都决定了传播效果的大小。根据日本传播学者饱户弘的观点，个性倾向特别是人能“可说服性”，可包含三方面的内容：与特定主题相关的，与特定议论或诉求形式相关的，以及与主题或说服形式无直接关系但完全受个性所决定的一般可说服性。从自信心的角度对个性倾向与一般可说服性的关系进行了考察的是贾尼斯。1945 年，他采用临床实验的方法，以“社会不安感”“委曲求全性向”和“感情抑郁程度”为自信心强弱的三项指标，就自信心强弱与一般可说服性的关系进行了分析。若干研究都证明受传者是对传播效果的形成具有重要作用的制约因素。

2. 讯息因素也是至关重要的因素

讯息的内容真实与否，新鲜与否，适用性和可试性如何，情节性和紧张性怎样，讯息安排是否是两面都说还是一面之词，是诉求感情还是诉诸理性，是客观报道还是空洞议论，含糊或清晰，结构疏密有致还是结构混乱，是精心策划还是信口开河，等等，都会对传播效果的形成产生直接或间接的影响。

霍夫兰等人在实验中就发现，随着时间的推移，高可信度信源的说服效果会出现衰退，而低可信度信源的说服效果则有上升趋势。其原因就是人脑的忘却机制在起作用。根据艾宾豪斯的忘却曲线原理，人脑对信息的记忆量随时间推移而逐渐减少，而忘却是从信息的次要属性开始的。也就是说，随着时间的推移，人们对信源与内容联系的记忆将逐渐淡漠下去，由信源居主导地位的可信性效果趋于减弱或消失，内容本身的说服力才能较完全地发挥出来。霍夫兰等人将低可信度信源由于其负面影响，其内容本身的说服力不得马上发挥的现象称为“休眠效果”。可见，信源的可信性对信息的短期效果具有极为重要的影响，但从长期效果来说，最终起决定作用的还是内容本身的说服力。

3．媒介因素也是影响传播效果的直接因素

在大众传播中，书籍、报纸、杂志、广播、电视、电影、互联网等媒介都具有不同的特点和优势，因而在形成传播效果时也会有所不同，有的容易形成知识传播效果，有的容易形成新闻传播效果，有的容易形成艺术传播效果。在组织传播中，通告和通知、讲演和讲话、公文和通函所产生的传播效果都是不一样的，因为它们具有微妙的媒介变数关系。人际传播也是一样，写信、打电话与当面交谈，哪个传播效果更好一些是不言而喻的。此外，传播媒介的权威性和恒久性怎样？可信性和美誉度如何？传播手段是否先进？实际操作是否科学？所有这些也都会对传播效果产生一定的影响。

4．环境因素是间接影响传播效果的一个重要因素

任何传播都是在一定的时间与空间下进行的。同一条信息，在不同的时间、不同的地点，其传播效果也许是大相径庭的。环境因素还可以分为三方面：政治环境、经济环境和文化环境。政治环境对新闻传播的效果影响最大，这是因为新闻传播本身就具有政治性。经济环境也是影响传播效果的一个重要方面，一般广告传播的程度与观念同当地社会的经济承受能力是紧密相连的。经济不发达的地区，高消费的广告的传播效果也好不了。文化环境，特别是民族文化传统，也是一个重要的制约因素。

任何受众群体，都有一定的文化层次，都有自己的爱国情绪。1981 年，中国女排姑娘在世界杯排球锦标赛上一举夺取冠军，消息传来，全国人民无不欢欣鼓舞。女排以其辉煌的战绩，振奋了民族精神，在长期的训练和比赛中培养的“女排精神”，更是鼓舞了几代人，并成为全国人民为祖国奋斗的宝贵精神财富。可见，环境的力量是巨大的，传播效果的形成也不是单一的，信息的传播在某种环境下，其本身可能又是孕育新的信息的母体，从而形成一个信息的循环。

第二节 从传播效果理论看体育传播

英国传播学者 D．麦奎尔(D．McQuail)认为，关于大众传播的效果和影响问题，主要存在三种理论：

(1) 常识理论：即公众通过日常接触和使用传播媒介的直接体验而形成的一些观点和看法。

(2) 现场理论：也就是在传媒内部工作的人所持有的观点，包括他们对传播活动的目的与性质的理解、信息选择与加工的标准、采编业务技术规程、职业道德规范，并且直接支配大众传媒的运营和日常的信息传播活动。

(3) 社会科学理论：是指从个人、社会与媒介的三者关系出发，通过对媒介活动及其客观结果的定量定性研究而获得的系统知识。

其中，“常识理论”相对更直观、更零碎，如使用与常识理论，由于与受众研究休戚相关的联系使得它又是对传媒活动产生的最直接、最重要的影响；“现场理论”站在传播者自身的角度，避免了“常识理论”的直观性和零碎性，如把关人理论，但本位主义的立场很容易导致业务至上和商业主义倾向；“社会科学理论”则避免了前面两者的弊端，从社会的宏观角度对传播效果和影响进行揭示。

下面我们就撷取 21 世纪传播效果研究历程中影响最深远的三种理论对体育传播的影响进行回顾和分析。

一、魔弹效果论与奥运传播

效果研究涉及的范围很广，但大众传播对受众的影响力可谓是最集中的研究领域。大众传播在改变受众的固有立场、观点上究竟有多大的威力，传播学者的认识大致有这样一个发展过程：威力无比—影响有限—作用可调—效果各异。研究体育传播的效果也不例外。所以，魔弹效果论成为第一个影响体育传播效果的理论也不足为奇。

(一) 魔弹效果论的由来及其特点

魔弹效果论是1971年由施拉姆正式提出的，也被称作“皮下注射论”(伯罗，1960年)或“刺激—反应论”(德弗勒与鲍尔·洛基奇，1975年)。它是一种认定大众传播能够把各种思想、感情或者动机像打靶一样灌输给受众的观点，并且认为受众是毫无防御的“靶子”，大众传播者可以随心所欲地左右受众的任何观点。

魔弹效果论最著名的代表人物是拉斯韦尔和坎特里尔。拉斯韦尔最有影响的论著是 1927 年论述第一次世界大战期间宣传的博士论文《世界大战中的宣传技巧》。他将宣传的主要目标归结为以下几条：

(1) 激起对敌人的仇恨；

(2) 保持与盟邦的友好关系；

(3) 与中立者保持友好关系，而且尽可能与其达成协作；

(4) 瓦解敌人的斗志。其中，拉斯韦尔把激起对敌人的仇恨列为首要目标，报道暴行是一种最有效的技巧。

同盟国广泛传播过一则关于在比利时的德国兵砍断当地儿童手部的报道，十分成功地激起了人民对德国的仇恨。坎特里尔是一位社会心理学家，1937年组建了“宣传分析研究所”，他亲任第一届所长，该研究所很关注纳粹在德国之得势，以及德国宣传可能对美国产生的影响。

这就如同纳粹的宣传部长戈培尔所言，“谎言重复多遍也会变成真理”。需要强调的是，当时大众传播工具主要是政治宣传鼓动的工具，也正是人们对大众传媒的社会作用和影响力既寄予高度期待又满怀忧虑的时代赋予了“魔弹效果论”生存的空间。从某种意义来说，用它来解释两次世界大战时期的大众传播效果还是很贴切的。

当然，魔弹效果论凸现了大众传播的强大效果，对于刚刚接触大众传播并经历世界大战的人们虽然有一定效果，但是它也过分地夸大了大众传播的力量和影响，忽视了影响传播效果的各种客观社会因素，并且否认了受众对大众传媒的能动选择和使用能力。毕竟，媒介不是万能的，受众也不是完全被动地接受。传播效果的形成具有条件性和复杂性。1953年，霍夫兰在其著作《传播与说服》里就对传播效果形成的诸多条件，如信源的条件、传播的方法和传播的技巧以及受传者本身的属性条件等等进行了大量的实验和揭示，为否认早期的魔弹效果论提供了重要的依据。

(二) 从魔弹效果论看奥运传播

在体育传播领域，魔弹效果论也挥洒自如。从首届雅典奥运会的 13 个国家、311 名运动员，发展到今天的 200 个国家和地区、11 000 多名运动员，大众传播的影响力使奥运会成长为全球最具影响力的公众项目，也使得奥运会从小到大，从弱到强，走向发展，走向辉煌。

奥运会在 1896 年一产生就具有巨大的魅力。奥运的魅力在于奥林匹克代表着人类最强、最快、最高的实力，它的五环标志让每一名体育运动员都无比向往，它代表着全世界最高的体育竞技水平。奥运会的魅力还在于它能够把一种精神直观地展现在全世界人民面前，这种精神就是“重在参与”的精神。大众传播媒介把奥运的魅力像打靶一样灌输给受众，并让全球的受众一起分享奥运的喜悦，于是传媒在推广奥运会的过程中扮演了举足轻重的角色。

奥运吸引了全球人民的注意力，奥运会的转播在 20 世纪成为电视史上观看人数最多的电视节目之一。奥运会将电视版权卖给传媒机构，通过电视对奥运会的各种比赛项目进行转播，开始于 1936 年柏林奥运会，当时电视共播出 138 个小时，有 16.2 万名观众。短短 12 年，到 1948 年伦敦奥运会时，英国广播公司播出的电视转播已经达到 64 小时，仅伦敦周边 50 英里范围就有约 50 万人收看了奥运会的转播。1960 年，罗马奥运会首次对欧洲 18 国进行实况转播，1964 年东京奥运会开始卫星全球实况转播，从此改变了人们观看奥运会的方式。电视打破了旧的时空概念，使人与人之间的时空距离骤然缩短，整个世界紧缩成一个“奥运地球村”。可见，传播媒介在 20 世纪 60 年代产生了魔弹般的效果，掀起奥运会传播的第一次高潮。

随之而来的是巨大的市场价值，奥运会在当今社会已成为赚钱的最大机会，但是，奥运并不是从来就赚钱的。在 1984 年洛杉矶奥运会以前，举办奥运会基本都是赔本的“买卖”，举办国更多视其为“形象工程”。自从 1984 年洛杉矶奥运会以后，各届承办国的收入节节上升。那么，洛杉矶奥运会何以成为奥运由亏转赢的转折点，这次奥运传播又何以能打破僵局呢？

洛杉矶奥运会成为“第一次赚钱的奥运会”以后，创造了“奥运经济”的神话，传媒的魔弹效果也使奥运产生了巨大的经济效益。

首先，洛杉矶奥运组委会主席尤伯罗斯由于认识到每家电视台都希望得到向全世界“独家报道”奥运的机会，将转播权“独家”卖给一家大的电视网比卖给许多电视台更富商机，所以向媒体大张旗鼓地宣传“公开招标出售电视转播权”的消息。这就如同一枚魔弹，果然，ABC 由于迫切想购得 1984 年奥运会在美国的独家转播权，原来顶多只需 1 亿美元的转播权最终却以 2.25 亿美元成交。

其次，洛杉矶奥运组委会还利用大众传媒策划了一场“奥运指定产品”的赞助大战。组委会瞄准财力雄厚的超级跨国公司，将赞助商的数量控制在 30 多个，而且每个行业里只留下一家最大的赞助企业，并规定每家赞助商至少赞助 400 万美元。洛杉矶奥运组委会的“独家赞助”形同新闻媒介的“独家报道”，又好比一枚魔弹，为其赢得 3.85 亿美元的企业赞助。

最后，洛杉矶奥运组委会制定的志愿者政策，不但为组委会节省了数百万的资金，而且还促进人们对奥运的了解，激发美国人的奥运激情。为了配合组委会制定的志愿者政策，洛杉矶一家报纸每天都要登载两三个关于奥运会的故事，整个南加州都在接受着奥林匹克教育，这种荣誉感鼓舞了更多的人加入到奥林匹克志愿者的行列中来。正是这家报纸媒体反复不断的强调，使得志愿者政策如此深入人心，报纸的奥林匹克教育如同一枚魔弹使得洛杉矶的全体市民对于充当志愿者趋之若鹜。

到 1996 年亚特兰大奥运会，全球共有 214 个国家和地区转播当年的奥运会节目，转播时间超过 25 000 个小时，观众累计达 196 亿人次。与 1960 年罗马奥运会的 55 万美元相比，1988 年汉城奥运会在美国的电视转播费高达 3 亿美元，到 2004 年雅典奥运会，美国电视转播费已创下 7.93 亿美元的纪录，NBC(美国国家广播公司)更以 8.94 亿美元的天价获得 2008 年北京奥运会在美国的电视转播权。2016 年巴西里约奥运会更是达到了惊人的 41 亿美元的转播权签约费用。

可见，洛杉矶奥运会掀起了奥运传播史上的第二次高潮，获得了经济上的巨大成功。它成功的秘诀在于组委会非常重视大众传媒的超强影响力，将一些商业运作的手段巧妙地运用于媒介的运作中，成功地将媒介开发成了一部奥运传播的机器。

（三）奥运传播魔弹效果的思考

效果研究是同受众研究紧密相连的。其基本观点是分化的受众在接受大众媒介传来的信息时即刻做出直接的、强烈的反应。魔弹效果论之所以对受众有如此强大的魔力，其理论基础还有社会学、心理学等社会学科理论的支持。这种理论认为受众是分化的，而媒介是一致的，因此一致的媒介对付数量远大于己的“乌合之众”非常轻松。

进入20世纪，西方发达国家率先走出传统的农业社会，进入现代工业社会。新旧社会形态之间存在很大差别：从宏观上看，社会分工越来越细化，城市人口急剧增加；从微观上来看，个人的自由生活空间显著扩大，人与人的交往更具功利性。这种新的社会结构被社会学家称为“大众社会”。越来越细化的社会分工让人们彼此的物质性依赖增加，但精神上的沟通则越来越少。这种状态带来的社会结构是稳定的，但大众社会里的人们在情感上变得非常疏远。心理隔绝感强，非人格化盛行，个人自由空间大成为大众社会的“受众”的鲜明特点。

体育，如同艺术一样，是无国籍的，在人们彼此封闭的心灵之间建立起一座桥梁。奥运会就在这时候焕发出勃勃生机，奥林匹克精神——一种对奋斗、和谐的狂热崇拜，对自我超越和自我节制的追求引发了奥运这一主题整整一个世纪的风靡。奥运在全球人民心中成了一个品牌。

到1996年，在有关奥林匹克品牌认知度的跨国调查研究中，结果显示，超过90%的各国公众认识奥林匹克的五环标志。奥林匹克品牌能够发展到当今这样的规模，经历了一个从杂乱到规范、从弱小到强大的发展过程。2016年里约奥运会得到了包括可口可乐、VISA、麦当劳等12家知名跨国企业的赞助。

奥运不是一件产品、一项服务，更不同于一般企业，也不是一家非营利机构。

说到底，奥林匹克是一种社会文化现象，其实现需要依托多样化的品牌识别。根据大卫·艾克的品牌识别系统的结构理论，我们可以将奥林匹克品牌识别系统用一个同心圆来表示。它由 3 个层次构成，由里向外的 3 个层次分别为奥林匹克主义，视为品牌精髓；奥林匹克的宗旨、精神、格言和理想，为品牌核心识别；奥林匹克的运动体系、奥委会、仪式、标志、会歌、吉祥物等，都是品牌延伸识别，位于品牌识别的最外层。按照这一分析框架，我们可以清晰地发现，这一切，特别是品牌延伸识别，比如奥林匹克徽记、奥林匹克火炬、奥林匹克标志、奥林匹克仪式、奥林匹克吉祥物、奥林匹克旗和会歌等的传播都必须仰仗大众传媒的魔力。

奥运魔弹效果的产生，除了以上所述奥林匹克本身传播形式的多样，传播的渠道也经历了一个由形式单一向多方式、多元化转变的过程，这样奥林匹克才越来越为世界大众所接受。奥林匹克的传播渠道主要有奥运会电视转播、奥林匹克刊物、奥林匹克学院、奥林匹克宣传画、奥林匹克主题网站、奥林匹克纪念币、奥林匹克邮票等等。其中，奥运会电视转播和奥林匹克主题网站，由于其大众媒介的自身优势，无疑是最引人注目的渠道。以发展较晚的网络媒体为例，悉尼奥运会的官方网站浏览频次就超过 90 亿人次。

细细思量，奥运传播在 20 世纪 60 年代掀起的第一次高潮，与电视在同时期的蓬勃发展息息相关。换言之，正是电视的魔弹效果才成就了奥运传播的第一次高潮。由于第二次世界大战曾严重影响电视的发展，在 1950 年之前，世界上有电视的国家可谓寥寥无几，全世界的电视机总数还不到 500 万台。进入 60 年代以后，发达国家的电视普及率迅速提高，在美国，电视机已普及到多数家庭，在英国，至 1957 年底就初步形成全国电视网，覆盖总人口的 90%。虽然发展中国家的电视业起步较晚，但大多数国家在这方面的发展也相当迅速。

其实，传媒对于体育而言不仅仅是传播载体，它对于体育事业具有双重意义，对于竞技运动尤其如此。体育作为大众文化的组成部分，自然具有大众文化的基本特征。最为显著的特征是工业化复制。一场赛事，要被亿万人看到，就得靠传媒的加工、复制，这相当于运动用品及音像制品的大量复制。与一般赛事销售所不同的是，传媒对赛事的“销售”是靠向各式各类的企业收取广告费预售大众的

“注意力”来赢利的，而赛事及场馆经营者，则是靠销售门票及为观众提供配套服务，诸如出售食品、纪念品及球迷用品等来赢利。换言之，传媒不仅是在简单地传播信息，它在为“奥运经济”营造一个良性循环的生态环境。

传媒在推动经济发展的作用方面的确功不可没。早在20世纪二三十年代，加拿大著名的经济学家英尼斯就间接地谈到他对传媒经济产生机制的认识。最早促使他开始向传播领域开拓的，是他对影响价格体制的历史性变化的探索。正是在这一探索的过程中，英尼斯开始觉察到“价格体制的穿透力”正是“传播的传透力的一个方面”。

奥运经济是指主办国组委会的直接收益以及对主办国其他产业直接或间接的巨大的诱发效益的总称。直接效益方面，最主要的是国际奥委会统一销售电视转播权，由美国、欧洲、亚洲等世界上规模最大的电视转播公司竞标获得本地区的独家转播权后，再分割销售本地区的电视转播权。间接效益方面，主要是主办城市市政建设的改善所带来的包括所在城市和所在国的旅游、投资、消费热潮所带来的巨大收益，以及奥运会对主办国经济发展所带来的巨大无形资产。洛杉矶奥运会在直接效益方面对奥运经济所作的贡献，前面已有叙述，而洛杉矶奥运会的史无前例还在于它找到了符合现代体育市场运作规律的媒介运作方式，使它的间接效益得到了最大的发挥。

从第1届到第31届，奥运会都是以“官办”的面目出现的，一切资金来源均靠政府募集。1984年洛杉矶奥运会是第一届民办的奥运会。洛杉矶奥运会改变了传统奥运行销的单向关系和主客关系，确定了“奥运共赢”和“互动行销”的策略，也极大地推动了奥运传播：①与消费者互动——大众传媒的参与使得消费者赢得对奥运的体验并无形扩大了奥运传播；②与企业互动——大众传媒的广告效应使得企业为奥运贡献出巨大的赞助资金，企业从而和奥运一起赢得了强势的传播效果；③与国家互动——大众传媒使得奥运和国家之间进行了有效的互动，主办国经济与奥运经济博弈双赢的结果推动了奥运传播的全球化。可见，奥运传播的魔弹效果不仅仅在于它成就了一个数十亿人瞩目的品牌，更在于奥运与传媒的共生效应，成就了奥运传播的二次高潮。

随着体育传播的深化，体育形式的日益多样化，魔弹效果论的观点会一步步被抛弃。毕竟受众不是完全没有抵抗力和分析辨别能力的，在大众传播面前也不是被动无知，只能对媒体信息唯命是从的。传统的奥运赛事虽具有无可匹敌的特点和优势，但其优势也不是牢不可破的。目前，能与奥运会相提并论的体育赛事还有世界杯。从 1930 年第一届世界杯足球赛在乌拉圭举办以来，世界杯在全球的影响力也越来越广。球迷对世界杯的狂热丝毫不亚于奥运会，所以魔弹效果论在体育传播领域也不可能长期保值，即说明某一项赛事不可能长期具有超强的魔力。

检验传播效果最切实可行的两项指标就是收视率的高低与观众人数的多寡。就电视收视率来说，世界杯肯定是目前世界上所有体育赛事的第一。仅 1998 年法国第 16 届世界杯，全球收视人次累积就高达 334 亿人次。近年来，每 4 年一次的世界杯累计的观众也是所有赛事的观众统计里最高的，超过了奥运会。

二、议程设置论与世界杯报道

媒介分析同效果分析也是形影不离、密不可分的。议程设置论(Agenda Setting Theory)是 1972 年由美国学者麦克思韦尔 •麦库姆斯(M. E. McCombs)与唐纳德 •肖(D．L．Shaw)在《大众媒介的议程设置功能》一文中正式提出的。议程设置的基本思想就是：媒介报道什么，公众便注意什么；媒介越重视什么，公众也就越关心什么。该理论从问世至今始终受到学术界的普遍认同，成为传播学效果研究中最具有生命力的亮点之一。

(一) 议程设置论的由来及其特点

其实早在 20 世纪 20 年代，李普曼的一句话就曾被称作议程设置论的早期萌芽。他提出，在形成“人们头脑中的图画”时，大众传播扮演着异常重要的角色。当然，这一思想较形成议题的假说还非常含糊。

1963 年，伯纳德在其所著《报纸与对外政策》里，有一段关于报纸威力的说法:“告诉人们去想什么往往难以奏效,但告诉人们该考虑什么,却会惊人地成功。”这句话言简意赅，含蕴着形成议题的观念，尽管科恩也没有用到“议程设置”这个关键词，但后来的研究学者每每涉及议题设置无不摘引它。

“议程设置”(Agenda Setting)作为一种理论假说，最早见于美国传播学家M．E．麦库姆斯和D．L．肖于1972年在《舆论季刊》上发表的一篇题为《大众传播的议程设置功能》的论文。这篇论文是他们在美国总统选举期间就传播媒介的选举报道对选民的影响所作的一项调查研究的总和。

在那一年及随后四年的总统竞选中，麦库姆斯和肖检验并肯定了这一理论，并引起了广泛的注意和重视。他们将其间的研究和调查结集于专著《美国政治议题的出现：报界的议程设置功能》一书中，并于1977年出版了该本专著，从而奠定了他俩在议程设置论研究方面的地位。该理论的核心内容是大众传媒不能决定公众怎么想，但能决定公众想什么。新闻媒介选择集中的报道对象，以此来制造社会的中心议题并左右社会舆论的形成。简言之，议程设置就是大众媒介选择并突出报道重大问题，从而使这些问题引起公众重视的能力。

议程设置论的精髓，还在于它按照传媒给各个问题的重要性序列来分配自己的注意力，从而达到控制受众的目的。公众的注意力转移，来源于媒介给予的最突出的地位，即媒介注意力的转移。如果集中报道、凸显问题是媒介影响和控制公众舆论的第一步，那么，安排问题的轻重缓急，调动受众的注意力，从而左右人们的观点和思想就是影响和控制社会舆论的第二步，间接地达到了控制社会的目的。所以，议程设置论仍是目前传播社会控制理论中较为流行的理论之一。

(二) 从议程设置论看世界杯报道

四年一届的世界杯一般于五六月间举行，这是全世界足球迷的共同节日。其实，从1896年第1届现代奥运会在希腊举行开始，足球就被列入了正式比赛项目。因为当时奥运会不允许职业足球运动员参加，到1928年(第9届奥运会)足球比赛就无法持续，于是1929年的FIFA全体代表大会上，FIFA主席朱尔斯·雷米特主持了举办世界杯的决议投票，结果与会者一致通过决议。

世界杯足球赛历时1个多月，小小的足球牵引着亿万人的眼睛。人们看球、评球、品球，足球一时间成为人们生活的焦点。小小足球如何有这么大的魔力？稍加分析，我们不难发现，这种魔力固然来自世界杯这场全球性竞技活动，但在相当程度上，还来自于传媒本身。正是传媒的无以复加的传播，使全世界的球迷仿佛都来到了球赛的现场，共同经历和感受着赛场的风云。

在1个多月时间里，媒介像对待一个大国发生的军事政变甚至世界大战一样，大张旗鼓地报道世界杯。醒目的标题、突出的版面、号外、插播等接连不断，于是，世界杯当然成为人们生活中的头号事件。世界杯这个热门话题就是媒介在社会舆论中安排的，世界杯本身就是议题。以2002年韩日世界杯为例，世界杯报道的议程设置分三个层次。

首先，世界杯在5月31日开幕，从5月25日国际足联正式公布32强的名单之日起，许多媒体在次日就推出了韩日世界杯观赛指南。例如，《广州日报》在5月26日推出了16个版的“一本叹世杯”特辑，以提供世界杯相关数据为主要内容，其中包括32强的完全名单、32强的备战动态、20个赛场的基本情况、电视转播的详细日程和16强晋级表等。这个层面比较浅，议题设置的特点主要体现在知识性和服务性上。

其次，风云莫测的赛场动态无疑是世界杯新闻的天然原材料。其实，传媒新闻标题的制作、角度的把握、体裁的选取无不显示了新闻工作者“议程设置”的用心。全世界的受众通过传媒了解到的赛事结果不可能会迥异，但每一篇报道给人的感受又清新各异。不少报纸标题既短小贴切又生动形象，极大地吸引了受众的注意力。例如，6月1日，世界杯开幕式上第一场比赛，上届冠军法国队就被首次进入世界杯的塞内加尔击败。《新民晚报》第一版头条新闻的主标题就4个字：“开门见‘冷……。同版，《新民晚报》还采用了一幅法国队输给塞内加尔的比赛中一名法国队员行将跌倒、赶紧用双手撑地的照片，编辑给图片的注解文字写道：“法国人此跤摔得不轻!”叙述直白，可惜、可叹、警醒之意溢于言表。同样是这一则赛事，《北京娱乐信报》在第一版采用的则是一大幅特写照片，画面上法国队前卫齐达内脸上一副黯然神伤的表情，标题非常嬉皮：“西非小子灭掉法国老鸡”，将照片上的新闻事实印证得贴切生动，图文并茂，抓住了读者的眼球。

再次，议程设置还体现在传播媒介将人们置身于一个大的足球文化之中。其实传媒给予人们的，在很多方面已经远远超出观众在比赛现场所看到的。传媒不仅让球迷看到了整场比赛的过程和胜负结果，而且也让人们看到了赛场以外的种种与足球相关的活动与事件。电视机前的球迷看到的球星可能比现场的球迷所看到的会更清晰，传媒还用镜头拍下更多的特写和访谈，不仅把球星们的赛场英姿，还把更多他们的所思所想以及他们的成长道路和生活逸事都真实、生动地展现在人们面前。平面媒体的记者们则用他们手中的笔描绘着这个多彩的足球世界：或充满激情，让读者从中享受图文审美的愉悦和情感宣泄的轻快；或潜藏理智，使读者透过记者独到的见解和分析陷入与足球相关的沉思，将思绪拓展到更深更广的超出足球竞技之外的哲学、经济学、社会学、文化学和心理学等等相关的思考中。

研究中国的体育传播媒介，中央电视台体育频道在电视媒介里可谓一枝独秀。尽管央视体育频道凭借垄断资源的优势，挟“转播权”以令诸侯，最终以 2 495 万美元的价格买断了 2002 年与 2006 年两届世界杯的转播权，2018 年世界杯转播权也是以非常高的价格签下，但它还是非常重视媒体“议程设置”的功能。在这种思想的指导下，央视体育频道设置了风格各异的专栏，让不同需求的观众能找到自己比较喜欢的节目。比如，“现场直播”让观众在第一时间看到比赛实况；“经典回顾”和观众一起重温往日的经典赛事；“你好世界杯”侧重于赛事的预测和前续报道；而“我爱世界杯”则让观众对一天的赛事有全面深入的了解。据统计，世界杯期间央视体育频道的收视率飙升了 10 倍，从平时的 1.5%～2.0%激增到 15%～20%，中国有近 40 亿人次观看了央视的世界杯节目。

（三）世界杯报道中媒体议程设置的反思

议程设置论暗示了一种新的媒介观——新闻媒介每天都会得到源源不断的信息内容，其数量之大远远超过了现有报纸版面和广播电视时间容量的十倍以上，这就迫使传播媒介担当起“把关人”的角色：决定传递什么新闻，并强调其到何种程度。

媒介不仅可以把世界杯提到社会的“议事日程”上来，更重要的是，它还可以把人们的视线集中到某些具体的事物上去，而让人们忽视另外一些事物。在这个错综复杂、扑朔迷离的世界，媒介的“把关人”更需要擦亮眼睛。事实上，现实社会里大多数球迷的确都是在新闻媒介里找到球场热点和焦点人物的。

媒体手中的责任关系重大，还在于“议程设置论”所考察的媒体效果，不仅仅指某家媒介的某次报道活动产生的短期效果，而是作为整体的大众传媒有较长时间跨度的一系列报道活动所产生的中长期的、综合的、宏观的社会效果。

美国传播学者德弗勒曾经指出，在议程设置理论中其实“新闻媒介提供给公众的不是世界的本来面目，而是新闻媒介的议程——是对世界上发生的事件有选择的报道。提出议程理论的人试图描述和解释：①消息是怎样选择、编辑和提供的——即所谓的‘把关’过程；②产生议程；③这一议程对公众的影响(研究人们对新闻媒介报道的问题的重要性的看法)。”

其实，议程设置的功能并不局限于单纯地报道新闻。每次国际性重大体育赛事对传统体育城市而言，新闻媒体无疑都表演了一场十分艰苦的新闻大战。就以报纸为例，多家媒体为世界杯出版的特刊、增刊，连标题设置都煞费苦心，处处可见精心的“议程设置”。

可见，透过议程设置论来看世界杯报道的传播效果，传播媒介不仅具有短期效果，即对“思考对象”有重大的影响，也就是说以告诉人们“想什么”的方式来把受众的注意力引导到世界杯期间特定的人和事上来；更重要的是，传播媒介还具有长期效果，即对“思考方式”有着深远的影响，用通过告诉人们应该“怎么想”的方式来加强受众对足球文化的认识。

议程设置论也表明了传播效果控制研究的着眼点的变化。从最初的以“改变受众态度”为己任的传播，到如今，传播学研究正在逐步转向重视事实性信息传播作用的历史阶段。人的态度的形成具有不同的发展阶段，人们的态度变化也受多方面因素的影响，当然传播的控制效果也经历了一个变化、发展的过程。

议程设置理论之所以在近 30 年时间里一直能得到人们的普遍赞同，关键在于其对大众传播媒介效果的定位比较准确和适中，它既不像魔弹效果论那样强烈，也不像有限效果论那样微弱，而是温和地、客观地描述了大众传播媒介对受众的影响，这也是它至今还比较流行的原因。但我们也必须看到，“议程设置论并没有给人们提供具体的控制效果模式，它更多的是提出一种新思路，它为人们认识传播与社会控制提供了一个新的角度，它所产生的启迪作用是积极的和充满希望的”。

三、分层效果论与体育传媒的分层

1980年以来，大众传播学研究呈现百家争鸣、百花齐放的态势。理论解释的不断涌现造成人们对各种理论理解上的困惑。以往的传播效果研究，大多只把效果界定在态度与行为的转变上，许多都偏重就事论事、定量分析，缺乏宏观眼光和理论深度；或注重个人层面上的效果，或注重社会层面上的效果，忽略中间层面……总而言之，无法适应信息时代这个新历史阶段的精神和特点。于是，分层效果论应运而生。

（一）分层效果论的概要及特点

1988年，美国传播学者罗杰斯(E. Rogers)在《传播科技学理》一书中，将随着电脑等新兴传播科技广泛介入传播领域的这个全新的时代称作“分层效果”的时代。

所谓分层效果，是指在大众传媒兴起之后的信息时代里，大众传播媒介可以在不同的层面，如个人、团体、组织层面；或工业层面、经济部门，甚或整个社会产生社会性影响。由于传播在这个时代已演变成一个多媒体、多渠道、全方位、立体化的传播结构，所以受众也被分割成一群群、一块块，传播效果研究已开始关注新媒体对传统传播基础的震撼以及它对个人、组织和社会的影响。

尽管罗杰斯只是在论述传播新科技的社会影响时偶然提到“分层效果”问题，论述也不够深入、详尽，但他毕竟为我们提供了一个进行全面、系统描述和分析的启迪和构架。分层效果论可从层面效果和波纹效果两个层面来理解。

从受众对新闻传播的反应来看，可以将效果归纳为三种不同的层面加以分析和认识：①在心理层面，有情绪上的效果、认知上的效果和行为上的效果；②在时效层面，有短期效果和长期效果；③在范围层面，又有个人效果和社会效果。在研究中，他们又将三大层面的诸种传播效果进行组合，从而派生出12种不同的效果：

层面效果论者总结道，由于宣传、竞选和广告的效果研究大多都长时间沉迷于短期的态度情绪层面，这种急功近利的状态致使大众传播效果的研究直到最近20年才开始把注意力转移到较长时期内大众传播效果对理智认知层面的影响上。

波纹效果是鲍尔·洛基奇(Sandra Ball Rokeach)与德弗勒(Melvin L．Defleur)于1990 年提出的大众传播效果依赖模式的别称。其实，鲍尔·洛基奇与德弗勒早在1976 年就提出了媒介系统依赖论。在《大众传播效果的依赖模式》一文中，他们提出了认识大众传播效果的社会结构模式。该模式显示了大众媒介与社会、受众三者之间相互联系、相互依赖的关系并作用于传播效果的倒金字塔结构图(见图 5-2)。

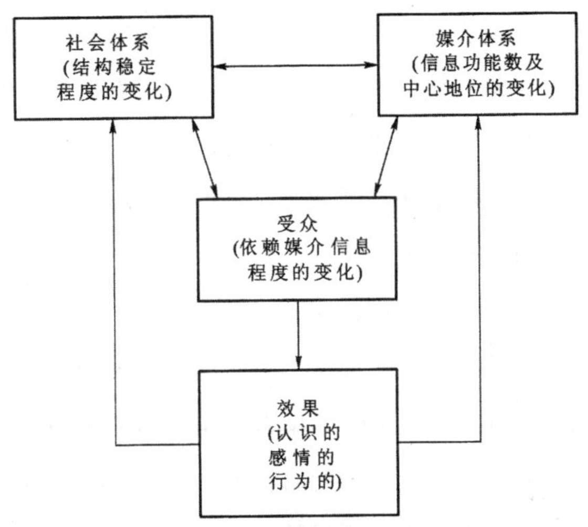

图 5-2　鲍尔·洛基奇和德弗勒的媒介依赖结果效果图

德弗勒和鲍尔·洛基奇的媒体依赖理论，从不同层面的认识、感情和行为上分析受众的反应(见图 5-3)。

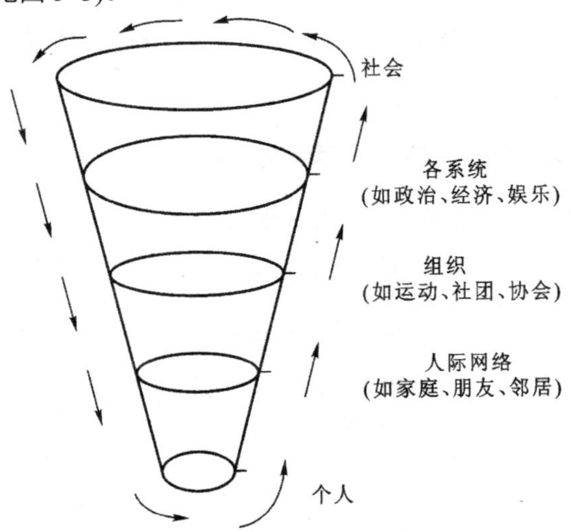

图 5-3　德弗勒和鲍尔·洛基奇的媒介依赖波纹效果图

波纹效果图“显示了媒介依赖关系的变化产生的波纹效果，它始于旋斗上端的媒介在社会中的位置，螺旋下降贯穿于媒介系统与各社会系统、组织和人际网络的依赖关系，直至于个人的依赖关系高层发生的效果变化将影响所有低层的依赖关系。

德弗勒和鲍尔·洛基奇的波纹效果论显然是倒金字塔结构效果论的一种超越。他们认为结构效果的三个层次——认识的、感情的和行为的过于简单，在新理论中他们提出了一种波纹效果的观点：“大众媒介被看作是积极参与处于社会行动的社会、群体和个体层次上的维持、变化与冲突过程的信息系统，它的传播活动总会引起由小到大、由大到小，或者由高到低、由低到高，或者低层的依赖关系。所以媒介系统的社会作用的变化，在社会行动的所有层次都会有所波及。这种作用的变化具有增大各社会系统、组织、人际网络和个人的媒介依赖性的效果。”波纹效果论的进一步拓展，不仅有助于人们正确认识大众媒介与现有的五个层面之间相互依赖的效果关系，而且有助于解释跨国、跨文化甚至全球层面的效果现象。所以，波纹效果论比其他大多数综合性的效果理论，具有更大的优越性和普遍性，而且更适合对付当今大众传播里的互动传播问题。

不论结构效果图，或是波纹效果图，德弗勒和鲍尔·洛基奇传达的媒介系统依赖理论都是一个“媒介生态”理论的概念，他们试图将已有的零散的效果研究理论连缀成一个复杂的集合体，将社会视为一个有机体，而媒介体系就是这个有机体里的一个重要组成部分。

(二) 分层效果论对体育传媒分层的影响

分化是媒介的一种发展趋势，体育传媒的产生本身就是媒介分层的一个反映。在大众传播活动中，受众的需求是一种精神的需要、信息的需要。其需求层次往往从两个方面反映出来：新闻受众的结构层次决定其需求层次；需求本身就具有层次性。以电视节目为例，新闻节目(满足受众的认知需要)、影视剧节目(满足人的审美虚构需要)、文化娱乐节目(满足人的交流宣泄需要)、生活服务节目(满足人的日常功利需要)、体育节目(满足人的竞争需要)都是电视节目在功能上的分化；而受众同样的需要还可能有不同的要求。正因为如此，所以我们的体育频道在电视由“大众化”走向“小众”或“分众”的过程中脱颖而出，即使是体育频道内部也要分出越来越多的“板块”即栏目来进一步适应受众更加细化的需求。

分层效果论对体育传媒分层产生的影响主要在两个方面：一方面，体育传媒在媒介类型上的分层；另一个方面，体育传媒受众的分层。

媒体的“分层效果论”，其核心首先在于强调传播科技的变化带给传媒在媒介类型上的分化。毫无疑问，电视和报纸是体育消息的两大主要来源，而电视是体育传媒的老大。作为体育迷的首选媒体，电视媒体的意义其实不仅止于此。电视媒体渗透到经济生活的各个方面，甚至直接推动了体育的产业化。电视转播实现了大范围的信息共享，这就使体育运动变得更有利可图——仅出售电视转播权一项，就可以使主办机构获得几百万，甚至上千万美元的收入。因此，电视转播费在不断提高。不但如此，电视的介入还带动了与体育有关的其他产业的发展，如运动器械、服装、饮料、食品等行业的广告。总之，在电视的影响与作用下，体育已经变成了一种可以赚取高额利润的朝阳产业。可见，体育传媒里首先脱颖而出的是电视，目前发展得如火如荼的也是电视。电视也是20世纪传媒科技在体育传媒里造就的“巨无霸”。

随着电脑等新的传播科技广泛介入传播领域，互联网已经取代广播成为球迷获取体育消息和快讯的第三依赖。研究显示，年轻人或者教育水平较高者对于互联网的倚重尤其明显。

互联网时代，媒介中存在着这样一个趋势：受众的参与性大大增强。大众传播中媒介信息发布的主要形式是“独白式”，而网络传播里受众进行交流的形式是“电子对话式”，它兼具人际传播和大众传播的特点——人际传播中受众进行交流的典型形式是“对话式”，而网络传播的“电子对话式”令网络受众一改“信息单纯的接受者”的面目，把他们变成更愿意参与信息的创造的受众，网络上的讨论小组和录音、视频传送系统都要求受众对信息有自己的选择、诠释和评价。所以网络传播的“电子对话式”成为和“对话式”和“独白式”并列的人类社会传播活动中信息流通的第三种基本形式。

正是由于媒介受众不再是信息和意见消极的接受者，而是传播过程中主动的、有选择和鉴别判断能力的参与者，所以体育媒介的受众才会更积极主动地选择不同的媒体，而他们如何选择、使用体育传媒很大程度上又是由他们的需求与兴趣决定。由于受众的文化水平、年龄结构、生活环境等方面不同，不同的受众群体就会有不同的需求与兴趣，对媒体、传播内容就会有不同的选择和理解。

据北京慧聪公司 2001 年 5 月对我国八大城市的报刊市场进行的调查表明，受众对《足球》《体坛周报》以及《中国体育报》这三类体育新闻大报的接触情况，在 19～25 岁的读者中知名度高于 40～60 岁的读者，在男性中的知名度远远高于女性。由于竞技体育竞赛的激烈性、悬念性、高情感性，与中青年及男性在心理上天然的接近性，决定了这样一个体育传媒的受众群体具有以中青年为主、以男性为主的鲜明特点。

媒体的“分层效果论”，其核心还在于传媒的社会互动效果造成各社会系统、组织、人际网络和个人的媒介依赖性，即承认媒介系统与各社会系统、组织和人际网络的依赖关系，直至于个人的依赖关系高层发生的效果变化将影响所有低层的依赖关系。

我们站在受众的立场，可以将体育传媒和体育传媒赖以生存的个人层面剖析为这样一个效果图(见图 5-4)。

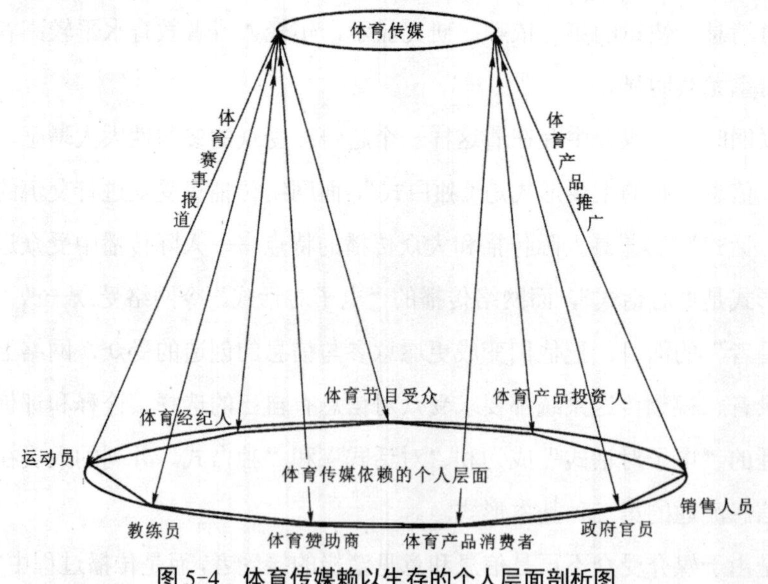

图 5-4　体育传媒赖以生存的个人层面剖析图

体育传媒对不同的消费个人的影响是不同的。科学的、有效率的传播应该针对不同的个人采用不同的传播策略。这就需要把体育消费者进行分类。常用的市场细分理论往往依据消费者的年龄、性别、收入状况、地理环境等因素进行细分。据体育传播的状况，主要可分为体育赛事报道和体育产品推广的两大传播主线，我们看到一个极其丰富的体育消费个人层面。我们可以把总的体育消费人群分为两大部分：一类以运动员和体育节目受众为核心，其个人层面包括运动员、体育节目受众、体育经纪人、体育赞助商和教练员等；另一类以体育产品的销售人员和体育产品消费者为核心，其个人层面包括体育产品销售人员、体育产品消费者、体育产品投资人、政府官员等。当然，体育赛事报道和体育产品推广两者是互相促进的关系，体育赛事的报道是整个活动的基础，没有它，便没有传播循环活动；体育企业往往又是体育赛事的主要赞助商，体育产品的推广必然导致体育传媒通过赛事报道吸引资助者，并通过第一次传播活动的完成使自己获得更多的新闻受众，从而使下次活动吸引更多的资助者。此外，由于体育传媒的介入，体育产业还可以吸引更多的广告；由于体育影响大，一般传媒企求通过体育传播也来扩大自己的社会影响，体育因此可以收取传播费，这在一些重大的国际性体育活动中已成为经济效益的重要手段。

综上所述，体育活动已成为社会和传播工具注视的对象，体育赛事报道和体育营销推广的两极又致使体育传媒依赖的个人层面是一个流动的变化的群体。

(三) 分层效果论带给中国体育传播的启示

在我们进入如何评估和测量体育传播效果的专题讨论之前，首先应该对体育传播的范围有一个廓清。体育传播有广义和狭义之分。狭义的体育传播是指体育新闻的传播以及体育传媒的传播活动；而广义的体育传播不应该仅仅指体育新闻的传播和体育传媒的传播活动，还包括体育赛事的宣传和推广、体育品牌的普及和行销，它涵盖所有与体育相关的、由体育衍生的服务性行业，它存在于体育产业之中，但又不包括体育产业里生产性行业及其他非生产性部门和组织。

将中国的体育产业按现行管理体制进行分类，体育的主体产业就不在体育传播的考察视野之内，体育产业的相关产业才和体育传播息息相关。主体产业，是指那些以体育资源为开发基础直接进行的生产与经营活动，它是体育自身的经济功能和价值的发挥与体现。在计划经济时代，体育资源基本控制在政府手中，所以在转入市场经济后，这类产业实际是指政府体育行政部门与直属单位直接管理或经营的产业，站在体育行政管理部门的立场，自然称它为主体产业。这类产业包括体育竞赛表演业、体育健身娱乐业、体育培训咨询业、体育资产经营业等。体育的相关产业，是指那些以体育娱乐作为载体，向消费者间接提供各种用品与服务的生产与经营活动。这些产业现在基本上不在体育行政管理部门控制下发展，因此称它为相关产业。主要有体育用品、体育经纪与代理、体育新闻与媒介、体育广告、体育旅游、体育建筑等相关产业。

体育传播，从某种意义上来说，还应该是一种全球传播。将体育产业按经营、集资方式进行分类，全球体育产业的四大支柱产业——体育彩票业、体育赞助业、体育广告业、体育节目电视转播业都可谓体育传播事业。体育彩票是指以筹集国际和全国性大型体育运动会举办资金、资助社会体育活动等名义，所发行的印有号码、图形或文字的，供人们自愿购买并能够证明购买人拥有按照特定规则获取奖励权利的书面凭证。赞助，指赞助者与被赞助者之间以支持(金钱、实物、技术或劳务等)和回报(冠名、广告、专利和促销等权利)交换为中心，平等合作、共同得益的商业行为。体育赞助是以体育部门、体育活动为对象的赞助。利用国际、国内各种运动会或赛事作为广告载体，将企业、产品名称与运动会联系起来，通过树立企业形象、促销产品、拓展国际国内市场等使厂商获取实际利益，使体育部门获得竞赛费用的业务活动。广告收入是大型运动会的主要经济来源之一。电视转播权，指举行体育赛事、文艺演出、集会等公众活动时，许可他人进行电视转播，主办方由此可能获得报酬的权利。电视转播权属著作权的范畴，受著作权法的保护。体育节目的电视转播权是体育场馆、运动赛事、体育俱乐部的重要收益来源之一。

为了更具体地了解体育传播的功能与效果，国内实力媒体在 2001 年 12 月，借全国九运会刚刚于 11 月 26 日结束之机，在广州、深圳、北京、上海和成都 5 个城市针对 15～49 岁的受众进行了 850 个电话访问。调查的目的是为了回答以下几个问题：

(1) 体育在生活中重要吗？什么样的体育活动最受欢迎？体育在谁的生活当中产生意义？体育和社会经济地位、教育、性别有关系吗？

(2) 电视体育节目能够有效建立与消费者的关系吗？是否与其他沟通方式不同？受众与电视体育节目之间形成的是一种非常的关系，还是与观赏其他节目一般的平凡无奇？

(3) 体育传播最终创造了什么样的品牌沟通经验？体育传播的常客为自身建立了超乎寻常的品牌认知吗？消费者能够正确指出是谁常年努力用这种形式与他们沟通吗？

(4) 如果能，消费者与这些品牌建立起了一种什么样的关系？他们认为这种沟通方式有意义吗？等等。

其实，以上问题蕴涵着一个重大问题——体育传播含有它特殊的沟通特性，如何尽力利用、突出这些特性将决定体育传播的成功与失败。其实对个人、组织乃至国家而言，体育都是一种充满魅力的特殊载体，具有最理想的载体功能：传播力强，抗拒性最小，最易亲近，易建立忠诚度(运动迷)等。

2001 年 7 月 13 日晚 10 时许，北京申奥成功。这一具有历史意义的事件，标志着中国与世界之间又多了一座沟通的桥梁和一个展示的舞台。对于商家来说，奥运的商机除了在基础建设、科技、环境等相关行业隐藏着巨大商业机会外，对于其他众多企业来说，如何借奥运之机，搞好整合营销与推广工作，提升品牌的含金量，也同样存在着巨大的商业机会。从现代营销学角度来分析，大多数公司更愿意通过最低的成本，把营销活动做到更加细分化的市场，进而引起细分化市场消费者对产品的关注与热情。而 2008 年的奥运会，无疑为深入细分化市场，引起消费者关注，品牌国际化的发展，提供了一个黄金平台。

第三节　体育传播效果的评估与测量

传播学，作为一门年轻的、多学科交叉渗透的学科，自 21 世纪初在美国兴起，传入中国以来，多种学科的研究学者从不同的角度，采用不同的方法进行了传播效果的评估和测量工作。体育传播效果的评估与测量，目前在中国还是一个比较新的领域。

一、体育传播效果的评估

(一) 传播效果的一般评估

传播效果的评估必须遵循目的性和针对性原则。不论是传播活动还是评估活动，都应有具体明确的目的，而且每一项效果评估的内容、规范、标准、方法等等都要针对不同的地区、不同的媒介、不同的公众特点来区别对待。而且在传播评估中，评估目的应服从和服务于传播目的。大众传播的效果评估主要有两个出发点：一是站在受众的角度来分析问题，二是站在传播者的角度考虑问题。体育传播效果的评估也不例外。

受众研究与传播效果研究，两者之间常常是盘根错节、难解难分的。因为，关心受众为的正是获得最佳的传播效果，而检验传播效果又必须从受众方面来衡量。传播者要提高差别效果，首先必须研究受众的特点，即受众的基本情况，比如受众是否有文化，受众是生活在农村还是生活在城市里，受众的性别、年龄、收入等等，这些表面上都不属于效果研究范畴的研究指标，其细化的研究或多或少会决定受众的信息接受程度，而这些又会构成传播效果的变量分析因素。

罗杰斯(E．Rogers)和休梅克(F．Shoemaker)于 1971 年曾对传播效果的形成过程作了最有代表性的归纳和综合。他们按照效果形成对受众的影响，将其划分为五个阶段：

(1) 知晓阶段：个人意识到某种事物存在，但还不了解详细情况；

(2) 兴趣阶段：个人对某种新事物产生兴趣，同时希望进一步了解它；

(3) 评价阶段：个人心里考虑这种新事物对他们的目的和未来的适用情况，并决定是否尝试一下；

(4) 试用阶段：个人对某项新事物在小范围内试用，以便检验其效用；

(5) 采用阶段：个人全面地使用这种新事物或新观念。

如果说罗杰斯和休梅克将个人对信息传播的接受按照心理上的深浅层次分为五个阶段太细，那么大众传播效果的形成至少也有三个层次——对事物的认识有一个从表象到本质的过程，在行动上也有一个自觉过程。在传播过程中，传播活动通过信息作用于受众的心理有程度之分，必然导致传播效果的评估途径也有深浅，它包括：

(1) 浅层次的传播效果：又称环境认知效果，仅仅形成于受众的感知层面。衡量它的尺度通常用受众对传播内容“知晓度”来表示，信息传播的广度和覆盖面比如“发行量”“收视率”等指标所反映的都是这一浅层次的传播效果。评估时只需保证调查的效度和信度，对数量的关注无须考虑受众深层次的思考。

(2) 中层次的传播效果：又称价值形成和维护效果。它不仅作用于受众的感知觉，还进一步影响其思维和情感。衡量它的尺度可以用“理解度”“赞同度”来表示，并根据具体内容设计相应的度数指标。以电视和广播为例，欣赏指数是其度量指标之一。欣赏指数(Appreciation Index)也称作满意度指数，是指用以认定听众或观众(受众)对节目素质的评价，并以此考核节目是否满足受众需求的一种指标，调查更注重节目的质量。欣赏指数所追求的是对受众的需求及满足程度的了解，要解决的是深层的心态和需求的解释。欣赏指数的调查就是中层次传播效果评估的一个典型。

(3) 深层次的传播效果：又称社会行为示范效果。媒体通过传播活动，不仅作用于受众的感知觉、思维和情感，而且还进一步影响其意志甚至个性心理品质而导致受众行动上的变化，衡量它的指标仅用“知晓度”“理解度”“赞同度”就不够了，还应加上“支持度”“信奉度”等等。

而且，传播过程是传播者与受众之间的信息互动过程，一个是为了目标的实现，一个是为了需求的满足。所以，在评估传播效果时就必须联系传播者的传播目标和受众的传播需求来评估效果。传播目标不可随心所欲地确定，而应该根据传播主体、客体、环境的实际状态和传播媒介的特定职能来确定。太高或太低，都无法显示评估所应有的价值或作用。

最后需要强调的是，传播效果评估毕竟不是目的，而是引导传播者坚持正确方向和优化传播机制的手段。效果评估是一根无形的指挥棒。传播效果的评估过程，实质上也是对传播活动的引导过程。喻国明在其著作《中国民意研究》里，就对我国 1990 年举办的第 11 届亚运会的传播效果的测量作了评估。由于我国新闻媒介投入大量人力、物力进行宣传，本次亚运会赢得了举国上下最广泛的热情关注。根据首都八家新闻单位和新闻舆论研究机构组成的调查组所作的效果调查，我国第 11 届亚运会的电视观众关注率为 98.1%，广播听众关注率为 78.7%，这说明我国新闻媒介的亚运宣传成功地实现了社会心理热点的转移，受众规模达到创纪录的历史最高水平。综合分析还表明：我国承办亚运会最大的收益是亚运会及其宣传带来的政治效应——民族精神振奋，爱国主义激扬，人际关系和谐，社会凝聚力重建。可见，这次评估明确了以后亚运宣传的舆论引导方向，也确定了必须优化体育传播机制的决心。

(二) 体育传播效果的评估

在考察体育传播效果的评估途径之前，我们必须先对导致体育传播效果产生的特殊因素进行一个分析。

什么是体育传播效果？简言之，它就是某一特定的体育传播作用于受众及整个社会所产生的一切影响和后果。体育传播除了具备一般传播所具有的浅层形成因素以外，还具备三大深层形成因素。

(1) 体育传播的经营目标：借助体育赛事开展的体育传播不仅能吸引消费者的目光，达到直接提高销售额和利润的目标，更重要的是体育运动所推崇的公正、公平更能使企业的宣传效果和品牌价值提升到较高的水平，这是一种深层意义上的体育营销。例如，世界上许多著名饮料、啤酒企业都非常重视借助体育比赛开展的体育营销，像一提到百威，大家就想到曼联。

(2) 体育传播的宣传目标：让体育拥有良好的文化氛围，最好具有传统和民族的特色，就是体育传播应该具备的宣传目标。把体育的文化元素融入品牌文化当中并由此形成的共鸣，会有别于企业为博取消费者的好感而采取的主导式传播，由此塑造出来的宣传目标当然更深入人心。北京申奥成功后，国家投资了 70 亿元建设奥运公园等体育设施，由于资金的巨额投入，这一体育设施的投资不一定赢利，但结果使体育、休闲和户外运动成为北京的新时尚，北京的全民健身运动进入了一个新阶段，可见这种宣传目标的价值是巨大的。

(3) 体育传播的公共性与公益性：体育是人类共同的事业，进行体育传播，其作用是普通传播所不能达到的。体育的本质是为消费者提供休闲娱乐的享受和激动人心的情感消费经历，体育和传媒两种传播符号的结合就能够激发一种情绪，乃至是一种信仰的力量。加上体育传播的沟通对象覆盖面广、并且有针对性，因此体育传播具有公共性与公益性的特点。一个国家申办和举办奥运会正是利用了体育传播的公共性和公益性。

可见体育传播不只局限于体育传媒的传播活动(体育赛事的报道和体育产品的推广)，宣扬运动精神的产品，也许其本身不是体育产品，但其促销活动也应当归属体育传播的范畴之内。以可口可乐的一次促销为例，可口可乐在中国申奥成功的消息传出不到半小时的时间内，就将 3 万箱为此特别设计的奥运金罐连夜送往各大商场和零售摊点。由于这 72 万罐的金罐可口可乐，将成功的喜庆、体育的动感、更快更高更强的奥运精神与中国的文化有机地结合起来，罐口还用大字写着“与奥运牵手、为中国喝彩”，而易拉罐的下方还不忘用小字标出“自 1928 年起即为奥运会全球合作伙伴”，以告诉顾客可口可乐与奥运的不解之缘，所以这次“蓄谋已久”的促销活动，其本身就是一次成功的体育传播。如果要对本次体育传播进行评估，可口可乐本次促销以后的知名度、可口可乐与奥运之间的关联度，以及营业额及与之前的种种指标对比，都属于体育传播效果的评估途径。所以，体育传播与一般的大众传播在效果评估途径上还存在着多元多样化的特点。而且，对体育产业的四大支柱产业——体育彩票业、体育赞助业、体育广告业、体育节目电视转播业的评估都应该在体育传播效果评估考察的范围之列。

体育传播效果评估的来源一般有两个：内部评估和外部评估。其中内部评估通过体育传媒、体育企业以及各级各类的体育组织自己通过各种效果评估方法的综合运用获得；外部评估可以通过人口普查报告、在人口普查基础上的人口学报告、政府机关、图书馆、商业机构、广播电视报纸等媒体、商业协会、专业研究机构、商业和学术出版社等获取。1985—1996 年间，国际奥委会(International Olympic Committee，IOC)和国际赞助研究中心(Sponsorship Research International，SRI)联合开展了有关奥林匹克品牌认知度的跨国调查研究，就属于内部评估，而且是体育传播效果评估史上比较大规模的一次评估。中国经济景气监测中心会同中央电视台《中国财经报道》在喜获2008年奥运主办权之后，对北京市民进行了抽样问卷调查，就是一次典型的外部评估。这次评估的结果为：71.1%的人认为北京能创造出直接利益来，42.4%的人则认为国家将是2008年北京奥运会的最大获利者。可见，在人们心目中，奥运会的意义已不单单局限在体育上，它所带来的效益更为广泛和深远。

二、体育传播效果测量

(一) 传播效果测量的方法

传播效果的研究方法一般有三种：调查研究法、内容分析法和控制实验法。回顾传播学形成和发展的历史，我们不难发现传播学的奠基者和学科开创者们在一步步力图完善传播效果的研究方法。20世纪20年代的培恩基金会关于电影对少年儿童影响的研究，开创了以调查研究方法考察大众传播效果的先河。传播学奠基人之一拉斯韦尔在1948年明确提出“内容分析”是传播学研究的一个主要领域，而实际上早在1922年，芝加哥学派的领袖帕克在发表题为《移民报刊及其控制》的论文时就已经运用了调查研究法和内容分析法。除了出版《传播与说服》，传播学的另一位奠基人霍夫兰对传播学最大的贡献就是把心理实验的方法引进到传播学领域。霍夫兰在进行传播效果的形成条件和制约因素的研究中，就大量运用了控制实验的方法。当然，这三种方法各有千秋。

1．调查研究法

调查研究法(Survey Research)是个多阶段的过程，它大致上可分为准备阶段、实查阶段和数据处理阶段三个阶段。准备阶段最重要的工作就是制定切实可行的调查方案。方案中至少应包括以下几项：①调查目的；②调查对象(是否抽样)；③调查范围；④调查方法(问卷或实验程序)；⑤数据分析和处理技术；⑥实施日程等。实查阶段主要是根据调查方案实际选出和接触调查对象，并从事数据收集的作业。数据处理阶段则是用一定尺度统计分析数据并撰写调查报告。而抽样调查是从调查对象总体中抽取部分样本来了解某个受众群体的反应和效果的最常见调查方法，所以它是从大群体中收集数据的高效率的方法，其应用十分广泛。这种方法的有效与否关键取决于样本的选择，样本是否有代表性，样本的规模是否足够大，等等，这些都是调查者在调查之前必须认真选择的。

2. 内容分析法

内容分析法(Content Analysis)是“以系统的方法来分析讯息内容”。表面上，我们注意的是传播信息的内容和特征，但兴趣有时还在于这些内容的主题、观点和表达方法或技巧对接受者产生什么样的效果。内容分析的基本过程，与其他类型的调查大致相同。换言之，这个过程也是由“确定课题—选定对象—实施调查—整理分析—提出结论”等各个环节和步骤构成的，只不过调查的对象是“讯息”而已。

3. 控制实验法

控制实验法(Experimental Control Research)以研究者设计的模拟现实的传播环境来检验调查对象在传播过程中的行为差异。由于这种方法伴随着对实验对象、实验环境和条件的严格限定和控制，所以称为控制实验法。从迄今为止有关传播的影响和效果的一些实验事例来看，学者们较为关注的，大致可分为测试信源不同的可信度与传播效果之间的关系、测试不同的信息内容与不同传播行为之间的关系、测试不同的传播方法具有不同的说服效果，以及测试不同受传者的社会条件与个性条件具有不同的影响等几方面。

总的来说，调查研究法是传播效果测量方法里最常见的一种，而且抽样调查很普遍。样本的抽取很重要，之所以要选择样本是因为普查太耗时、费钱，且无必要。事实上，科学的抽样比普查更有意义，因为随机抽取样本以及获得较高的回收率，要比低回收率的普查更具代表性。

(二) 体育传播效果测量：统计调查

体育传播效果的测量主要是统计调查。所谓统计调查，就是应用计量化的方法，即自觉、系统地运用数学与统计学理论方法进行历史的描述、分析与解释的方法。从某种意义上说，统计是一种对收集到的资料加以分析的方法，然而统计调查不仅是指一种资料分析的方法，更重要的是，它还指用数理统计的方式进行调查研究的方法，比如利用概率、方差等进行测量的抽样调查。前面我们提到，体育传播效果评估的来源一般有两个：内部评估和外部评估。事实上，体育传播内部的测量非常有限，由于资金和观念的局限，在中国的体育传播效果测量目前还仅限于广播电视的体育节目收视(听)率调查或者大型赛事和个别体育组织自行进行的有关赛事和组织的专题民意调查。大多数的体育传播效果研究都源于人口普查机构、政府机关、媒体以及各商业和专业研究机构全局调查中的体育数据方面。《行销体育》一书中《系列数字看悉尼奥运》罗列的四个图表，其资料就来源于专业调查机构 ACNielsen 国际媒体。可见，体育传播效果测量的统计调查涵盖两方面：既可以指体育传播组织内部开展的各类调查研究，又可以描绘外部机构利用现成的数据，用统计学数理分析的方法将体育信息资料收集并分解的这个过程。虽然目前针对体育传播的各类调查研究数量很少，但可以预见的是，各类组织对体育传播效果测量的力度将加大，所以如何利用数理统计的方法进行测量将成为本节我们着重探讨的重点课题。

新时期以来，中国广播电视的受众调查发展迅速，但由于这是一门专业性强、耗资巨大的事业，所以一般仍局限于个别高校和某些专门的舆论调查机构。在受众研究这个领域，“1990 年亚运会广播电视宣传效果调查”是中国第一次在广播电视系统里采用高级的数理统计方法和国际上通用的“社会科学统计软件”(SPSS)来处理分析体育新闻传播中的数据资料。当时，北京广播学院调查统计研究所(SSI)所长柯惠新教授，还利用了结构方程式模型进行了“广播电视传播效果的定量模型研究”，完成了国内传播研究方法上的一次新突破。

然而在网络形成后，这种调查活动将变得轻松易得。各网站可通过在网上发布的调查问卷，或统计用户点击率，判断节目栏目的受欢迎程度；还可通过设置用户联系信箱、BBS(公告栏)，获知用户的真实感受；当然也可根据用户的反映及时调整节目栏目，以适应他们的欣赏口味。而受众的有效参与，也成为广播电视发展链条中的一个必经环节，为以受众为主体的广播电视史学研究提供了鲜活的数据和资料。作为一种先进的技术手段，计算机和网络目前已被广泛应用于各种传播研究工作。只要拥有一台联网计算机，研究者不仅可以方便地根据自己所需进行各种网上搜索，还可以利用网络的双向传播功能为以计量化方法进行广播电视受众研究的传播效果研究提供便利的技术条件。在网络技术日益发达、日益渗透各个领域的情况下，广播电视与网络的联手发展，为以计量化方式进行广播电视的受众调查和效果研究提供了有力的技术支持。

其实，体育传播效果的测量不仅反映在对体育受众研究如发行量或收视(听)率等单纯的数据测量上，还应该反映在对体育赛事或项目的认知度和对其本身的理解度上。1985—1996 年间，国际奥委会(IOC)和国际赞助研究中心(SRI，隶属于国际体育文化和休闲行销公司 International Spots Culture and Leisure Marketing，ISL)联合开展了有关奥林匹克品牌认知度的跨国调查研究。结果显示，超过 90%的各国公众认识奥林匹克的五环标志；在全球商业与非商业标志中，奥运会名列榜首，为全球最具知名度的品牌；在国际体育赛事中，奥运会也排行老大；而搭上这个金色五环标志的商品，更会引起平均 63%受试者的购买兴趣。

对于体育传播，事实上还存在一些特殊的意见测量，比如体育产业市场的发展包括体育彩票、体育赞助、体育广告的传播效果如何，就理应在体育传播效果测量考察的范围之列。美国 NBC 社会与发展研究机构主任 Horst Stipp 就曾发表过一项关于 NBC 奥林匹克形象的研究报告，它揭示了 1992 年对奥运会的赞助如何影响一个公司的形象。这份调查研究是一份电话调研报告，是在 1992 年 8 月 25 日—9 月 8 日由统计研究公司(SRI)为 NBC 和赞助者的广告代理公司而作的。800 个随机抽样样本(年龄在 12 岁或 12 岁以上)均表明他们看过 1992 年的夏季奥运会，其中 479 人接受了采访。研究主要是测量影响赞助者形象的关键因素，当然也测量其形象本身。问题涉及被调查者对 9 大著名赞助公司的认知程度，问卷在对赞助奥运会的联想程度测量上采用了 10 点量表，要求被调查者以分值表示赞助商同奥林匹克之间的联系度，分值高表明联系非常紧密。问卷还以另外 5 个陈述来测量被调查者对奥林匹克赞助公司形象的具体态度。测量方法是针对一个特定的奥运会赞助商，对其公司形象的 5 项陈述(比如当我购买贵公司产品时，我感觉个人对奥林匹克运动有所贡献；或者贵公司利用奥林匹克来帮助销售产品等等)，让被调查者从一系列完全同意到强烈不同意的六种态度中作出选择。最后，询问被调查者是否能回忆起在特定环境下赞助商的 3 个广告，并简单描述其中一个，并要求他们评价这些广告(从非常喜欢到非常不喜欢)。

(三) 测量时应注意的问题

用数理统计的方法进行测量时，我们需要注意很多问题。由于抽样调查是体育传播效果测量时运用最多的方法，所以我们的讨论主要围绕抽样调查展开。在进行体育传播效果的抽样调查时，我们主要考虑在抽样程序、数据收集方法和问卷结构几个方面，可操作性和科学性如何能有效均衡的问题。

可操作性和科学性能有效地均衡是开展传播效果测量，特别是选择抽样程序时需要认真对待的问题。科学性和可操作性有时是很难协调的。强调了科学性，可能难于实施；但是过于强调可操作性，又有可能失去了严密性。如今许多全国的受众调查项目，由于采取了招标形式，经费都不是很高，有些项目经费仅有 10 万元，所以，如何在有限的经费范围之内尽可能高质量地完成调查研究，就很值得传播学者去研究。

抽样方法虽然种类繁多，就随机抽样(Probability Sampling)而言，就可以分为简单随机抽样(simple Random Sample)、系统抽样(Systematic Sample)和分层随机抽样(Straited Random Sample)三种。但真正在统计调查的过程中，常常由于经费的限制，抽样方法上往往不能单纯按随机抽样或者系统抽样实施，而要按经济发展水平的分层、多级、PPS 的抽样方法；数据处理时，也必须按照城乡、性别和文化程度的总体分布对样本进行统计加权预处理，使样本对总体有较好的代表性。有时候，我们也会采取非随机抽样的方式。比如，我们在做一项初探性研究或评估两个变量之间的关系以去检验某个假设时，我们往往采取非概率抽样(Nonprobability Sampling)，它又可以分为目的抽样(Purposive Sample)、配额抽样(Quota Sample)和偶然抽样(Accident Sample)三种。其中偶然抽样或称便利抽样，抽样对象为恰巧可利用的人。调查校园中的学生或商业街上的购物者，我们常采用这种抽样方式，所以有时也称为拦截研究。采用非概率抽样法的研究结果，也许不同于随机抽样法，但对许多研究问题而言，非概率抽样法仍然是十分有用的。

数据的收集也很重要。一般而言有四种基本的数据收集法：面访、电话访问、邮寄问卷和自填问卷调查。面访是访问员与被访者面对面的访问方式；电话访问是访问员与受访者通过电话访问；邮寄问卷也是一种自填问卷调查，受访者收到问卷，填妥后自行寄回。每种方法各有利弊，不同的调查内容要采用不同的方法才能保证得到完整有效的高回收率。普遍而言，面访在中国更普遍，在问卷设计时比较不受时间的限制，而电话访问相对比较简短，邮寄问卷则比较不受空间的限制。而且，针对不同的抽样方法，通常也会配合不同的数据收集法。比如采用分层随机抽样方法时，假设校园男女学生比例为55%(女性)∶45%(男性)，为了保证随机抽样的学生性别比例与上述比例一致，如果我们无法取得总体名单或者电话号码，我们就只能采用面访。

成功的调查还取决于好的问卷设计。在进行问卷设计时，必须考虑主题和受访者。问题的询问方式对于信息的获得也至关重要。设计问卷时就有以下许多值得注意的问题：①问卷开始的介绍部分应重申调查的重要性以及自愿参与的原则；②如何填写问卷的说明(或对特定题目的跳答)应该浅显易懂；③保证问题清楚、准确，所有回答者都容易理解；④每个问题一次只问一件事情，避免一个问题包含两问，如：你最喜欢的体育明星是谁？以及你认为该明星对球迷造成的影响是正面的吗？⑤受访者必须对研究主题有基本的认识，在没有事先明确受访者是否知道这个节目的内容时，我们不能问受访者是否赞成这个建议的节目；⑥我们要求受访者的回答一定要清晰、一致，有些选项必须提供足够的空间，不论是开放题(填入单词或句子)，还是封闭问题(圈画数字或复选框)；⑦问题和答案的可能选项必须易懂，且编排具有逻辑性；⑧问卷中的问题与部分之间需要有效的连接转换(例如，请问你对于中央电视台体育频道《足球之夜》栏目的感觉如何？请你告诉我们你对其主持人刘建宏的感觉如何？)；⑨如果我们给被访者提供可能的答案选择，那么我们就要保证那些答案是无遗漏的(也就是说，包括所有可能答案，或者“其他”请被访者自行给出答案)，而且具有互相独立性(即答案之间没有交叠)；⑩问卷一定要印刷清楚，问题尽量专业，问题之间和问卷边缘留有足够空白，等等。

如何着手去回答研究问题或是去检验假设，反映了我们的研究方法。其实，研究者有丰富的方法可以适用于这些问题的研究。以上我们介绍的调查法或实验法，都属于定量研究(Quantitative Research)的方法。当然我们也可以选用定性研究(Qualitative Research)方法，比如观察法(Obvervational Research)或是批判性分析法(Critical Research)。有时，研究问题本身便会暗示出最适合的方法，而且过去的研究文献也会帮助我们找到最好的可行研究方法或者自行设计出适合的研究方法。体育传播效果测量需要我们不断探索，各种研究方法都是用来寻求研究问题的答案或检验假设的正确性。所以，有时我们可能需要综合性地运用各种研究方法，而不是某一种单一的研究方法，关键是在研究中，我们时刻要注意可操作性和科学性的有效均衡问题。

第六章　大型体育赛事传播的策划

第一节　新中国成立以来我国大型体育赛事传播简介

新中国成立至今，大型体育赛事传播经历了三个发展阶段。

一、起步期(20 世纪 50 年代—60 年代中期)

1952 年，中国体育代表团共 40 人参加在芬兰赫尔辛基举行的第 15 届奥运会，同时开始尝试大型综合运动会的传播。当时只有新华社统发稿报道奥运会和我国运动员的表现。体育记者少，只发消息和一般描述型报道，无深度报道，与国外无法相比。

1959 年，我国举办首届全国运动会，《体育报》(由当时国家体委主办，1958 年 9 月 1 日创刊，后改名为《中国体育报》)对全运会开、闭幕仪式及赛事做了较详尽的报道。全运会结束时配发社论《从胜利走向胜利》。同时各省市的日、晚报报道了本省市运动员的表现和情况。

总体上来说报道规模不大，形式也较单调，但这是体育新闻传播的一次积极开端。

二、探索期(改革开放—80 年代末期)

1966—1976 年间，中国体育事业经历了大滑坡。10 年中我国基本上无大型赛事。十一届三中全会后，我国的政治、经济得到复苏，体育事业得到发展。20 世纪 80 年代初，奥委会正式恢复我国席位，台湾作为地区以中国台北名义参加，港、澳相同。于是，我国参加境内外体育赛事增多。

我国的大型赛事传播报道由此开始走向规范化，开始呈现出一些特点。

1．报道形式多样化

体育记者走出国门，能作赛前分析、赛后评述、人物专访、赛场花絮。

《中国体育报》《体坛周报》在赛前、赛后推出质量精美的专刊。图片报道不再是装饰，处理上作为信息传播的重要工具，放大，位置醒目。

2．选题范围扩展

体育记者趋向成熟，不再只看赛场，目光投注到赛场外的世界，如体育文化、体育经济、体育政治；开始具有体育新闻传播的策划意识。

3．个性化特性显现

(1)《中国体育报》独具权威，信息全面。

(2)《体坛周报》视角独特，分析文章鞭辟入里。

(3) 各地晚报短小精悍，生动活泼。

三、发展期(90年代至今)

这段时期的发展有以下特点。

1．传播功能的广度、深度得到前所未有的开拓

深度报道大量涌现，宏观角度从体育事业，微观角度从某一项目、某一球队、某一运动员，充分发挥新闻报道的舆论引导作用，如对中国乒乓球、排球的连续报道。同时发挥舆论监督、参谋作用。

2．报道内容细化，形式丰富多彩，版面异彩纷呈

体育专业报的专版专栏细化为篮球、足球、排球、田径、三小球、棋牌、全民健身、体育经济、体育文化等专和副刊。

版面运用大标题、大图片、漫画，大胆创新。

有些媒体在大型赛事期间出版专刊，如新华社的《八运快报》、《中国体育报》的《奥运特刊》等。

3．体育专业报纸如雨后春笋在中国大地上崛起

1994年，《新民晚报》在保留两个体育版面之外，另出版了《新民体育报》，现已扩展为《东方体育日报》(上海文新报业集团主管)。湖南的《体坛周报》以

发行量第一成为龙头老大。还有辽宁的《球报》，广东的《足球》报、《羊城体育》、《南方体育》、《体育参考》，福州的《海峡体育报》，浙江《体坛报》，湖北的《体育周报》，甘肃的《甘肃体育报》，河北的《体育之声》等，专业体育报纸近百家。

4．体育记者队伍日益壮大，人才辈出

从1985年起开始创办的上海体育学院体育新闻专业，作为首家捷足先登的体育传媒人才培养专业，自诞生以来，截止到2003年7月，已培养出500多名体育记者、编辑。从中央到地方的许多媒体，如新华社、《人民日报》、《解放军报》、中央电视台、中央人民广播电台、中国新闻社、《中国体育报》、《光明日报》、《中国青年报》、《体坛周报》、上海电视台、北京电视台、广东电视台、辽宁电视台、《解放日报》、《文汇报》、《新民晚报》、《东方体育日报》、上海人民广播电台、上海东方广播电台、《钱江晚报》、《齐鲁晚报》、《西安晚报》、《南方体育》、《足球》、《羊城体育》、《北京青年报》、《上海青年报》、《球迷报》……都有他们的身影。

从中央到地方的报纸、刊物、电视台、电台，有固定体育版面、频道、体育专题节目的，约400家。在2002年韩日世界杯期间，仅仅跑足球的就已经号称“7千足记”。

5．带来了大型体育赛事传播日趋激烈竞争的局面和繁荣景象

报、刊、广、电、网，面对同一对象，各使高招，竞相推出与众不同的独家新闻。

第二节 大型体育赛事传播的策划

大型体育赛事的管理是一个系统工程，包括很多方面，而传播则是这个系统运行必不可少的因素。本章的内容就是着重探索大型体育赛事传播的策划。

传播是信息的联系、交流。策划简而言之即谋划、安排。

《哈佛企业管理》一书对策划有更具体的表述。策划是一种程序，在本质上是一种运用脑力的理性活动。策划的步骤是以假定的目标为起点，然后订出策略、政策以及内部作业详细计划，以求目标之达成，最后还包括成效的评估及回顾，再返回到起点，开始策划的第二次循环……

由此可见，策划是以“目标”为起点，以“信息”为基础，根据素材，围绕“创意”这个核心，展开的思维活动与实践活动，有一套详细、系统、科学的工作程序。

大型体育赛事时间长、项目多、关注面广。因此，它的传播任务更为艰巨，也就需要更加缜密、周全的策划贯穿于传播工作的始终。

美国卡内基-梅隆大学的西蒙(H．A．Simon)教授曾因决策理论的贡献，被授予 1978 年诺贝尔经济学奖。他认为，决策贯穿管理的全过程，管理就是决策。同样，我们也可以说，传播贯穿管理的全过程，管理就是传播。

一、拓宽信息资源

大型赛事作为一种文化符号，在社会传播链中就成为一种信息资源，而这种信息资源是需要不断发现、开发、开拓的。

信息资源开发是传播活动的核心内容，是由传播主体自主设计和运行的一项系统工程。

掌握和开拓信息源，主要从两方面着手：赛事资源和运动人力资源。

首先，奥运会市场固然是最有价值的一块，但随着申奥的成功，中国奥委会与奥运会资源有关的市场开发权与北京 2008 年奥运会组委会的权利融为一体，不能再独立开发。

但是，我们还有别的市场，比如参加亚运会、大运会等赛事的中国体育代表团等，都是值得认真研究和开发的资源。

另外，国内体育比赛的市场潜力也值得认真关注，今天，一些国内赛事资源的价值凸显，体育组织待价而沽。足球、篮球等赛事资源先后卖出了不菲的价格，使得这些项目基本具备了自我造血的能力。这是就单项赛事而言。

还有综合性赛事，特别是国家体育总局作为主办单位的赛事，比如全运会、城运会。从全运会炙手可热的现况，完全可以想见其市场价值和潜力。从八运会到九运会，全运会市场开发渐入佳境。九运会的赛事广告遍布赛场，单项赛事均冠名出售，甚至火炬接力也被冠名。

另外，作为显性传播资源的体育明星，具有青春健康、积极向上的精神风貌，是体现公司形象或产品质量的最好活载体。我国的体育明星广告资源丰富，得到了不断的开发。

体育是一种激情四射的特殊文化，体育明星广告传播的是体育的独特魅力。孙雯拍的南孚电池广告中的那句“坚持就是胜利”，在满是汗水的脸颊映衬下让人感到一种震撼，让人体会到中国女足永不放弃的顽强斗志。1999 年女足世界杯上，阿迪达斯公司为孙雯量身定做的广告中，讲述了一个球星的成长之路，其中全是音乐和极具冲击力的镜头，虽然没有一句台词，但令人难忘。消费者在这些广告中很容易产生共鸣，自然而然地就会喜欢和购买这种产品，达到较好的广告效果。

我国越来越多的新闻传播媒介开始引入 CIS(Corporatd Identity System)，即“企业形象识别系统”，也叫“企业形象战略”。作为传播媒介自身优势的展示，更多地属于媒介公关范畴，即向社会公众展示和宣传媒介的各种资源，包括媒介形象、媒介品牌、媒介的受众群体、名记者名编辑、现代办公设施、发行量、阅听率、广告收入等。CIS 的本质是以塑造形象为目标的组织传播行为，它以媒介的名称、标识、口号、建筑物外观、产品外观及品质，以及媒介的内部管理、对外交流等，构成媒介的总体发展战略。新闻传播媒介实施 CIS 也就是向社会展示新闻资源的过程。

值得注意的是，传播媒介自身优势的展示有时与新闻传播内容的展示是结合在一起的。例如，2002 年韩日世界杯足球赛期间，北京青年报推出了特刊《追“球”》，提前一个月就开始在报纸上进行宣传，向社会公布策划方案的核心内容——《追“球”》10 大动作：赴 31 国探秘 31 支世界杯出线队；与 31 国权威媒体交换稿件，第一时间采用全球重要体育评论和报道；面对面采访历届世界杯金球、金靴奖得主；买断中外著名足球评论员的世界杯评论文章；征集世界杯故事，扩大球迷范围；重奖邀足彩高手在版面上打擂，指导彩民参加足球竞猜；办“北青酒吧”，邀请读者和球迷参加精彩互动活动；招聘外语志愿者，打造本报多语种平台；派出一支强大的记者队伍赴韩日采访全部 64 场比赛；出版供收藏和张贴促销的对开海报。北京青年报以这样的策划方案赢得了广告客户的青睐，而这一报道方案的宣传本身就是一种对媒介自身优势的展示，它让社会公众看到该报具有雄厚的资金实力、强大的体育采访阵容、良好的新闻信息渠道。而在这次报道中，新闻传播内容的展示本身又是跟媒介的公关活动相结合的，比如“北青酒吧”、足彩高手打擂的创意等，为版面增加了新闻信息来源。从这一案例中，我们还可以看到，新闻传播媒介的资源展示和新闻资源的转换与整合是分不开的，这里面有社会关系、资金、人力资源等向新闻信息资源的转换，也有各不同类型资源的整合利用。

二、设立高效、畅通的新闻中心

大型体育赛事的规模越来越大，比赛项目越来越多，参赛人数直线上升，加之观众的要求越来越高，不仅需要及时的赛事报道，还要赛事花絮、深度报道、幕后新闻等个人所好。简单的小米加步枪式的人海战显然已适应不了高强度、高难度的体育报道的需要。因此，与时俱进，不断全面提高大型体育赛事传播中的科技含量，成为必须。

九运比赛期间，2 000 多名记者一改过去传统、陈旧的运作模式，在信息时代的新平台上，利用神奇的网络，演绎了九运会体育新闻报道的神话。“高效、便捷、实效”6 个字生动体现了信息时代体育新闻的崭新风貌。在以往全运会上，对于蜂拥而至的记者而言，采访忙，写稿忙，发稿忙，要想得知成绩数据需到组委会指定的终端机上查询，发稿时一个传真机、电话线前常会排起长龙，争分夺秒赶截稿时间。而在装备了现代化信息网络的九运会，老记们再也不会为此烦恼了。

九运会新闻中心总面积达 3 000 平方米。800 平方米的新闻发布室内有 20 台近一人高的触摸屏电脑，轻轻点击即能连通九运会内部网，查询各类信息。

记者工作室中，成排摆放 100 台电脑、17 台打印机、60 台电话，并拥有 3 面电视墙。记者可以利用高速上网的多媒体电脑写稿、查阅资料、收发电子邮件。

在两个工作室中，都预备了无线卡插用装置，记者只需使用组委会发给的无线上网卡，就可以随时随地快速上网。为尽可能给 2 000 多名记者提供方便，在各赛区的比赛场馆，也都设有分新闻中心，准备了较充足的电话、传真、电脑和网络接口，记者发完稿子便可以轻轻松松回房休息。

专门为这次大会开通的官方网站“图片库”一直保持高点击率，开幕式后短短几天，访问量已突破 20 万次，下载相关图片 2 000 多张。该“图片库”充分利用了近几年兴起来的网上数据库图片播放的先进手段，用户可根据标题、正文、日期等关键词，轻易获取所需的大会相关图片，并可下载到自己的硬盘中自由使用，而且所有图片均免费下载。

盛世九运成功举办，完成了 2008 年北京举办奥运会的一次大演练。数字九运的创意、策划、实践的成功经验将为我国成功举办类似大型体育赛事提供借鉴。

九运会为购买版权费的电视台提供了多功能的 IBC 中心。九运会的电视转播系统采用数字化的光纤传输网，把广东省 67 个比赛场馆连接起来，把这些场馆的电视转播信号送给 IBC。新闻采访人员可以通过 IBC 中心提供的 20 多个显示屏，直接了解到击剑、篮球、足球等多个场馆的比赛内容。组委会还为电视媒体提供了演播厅和工作机房，不过这得付费。江苏电视台分别花 3 万元和 1 万元租用 32 平方米和 20 平方米的演播厅和工作机房两间。而有 300 多人的中央电视台所需场子更大，付费自然更多。IBC 中心的图像信号可同步进入演播室供各电视台直播时随时选用，所有资料可以保存 3 天，供各电视台工作人员做新闻专题或综述时随时调取素材。而以往由于演播室少，给节目制作带来很大不便，有的电视台就只能临时把宾馆房间充作演播室。现在各电视台都是从从容容做节目，节目质量也有所保证，有些电视台因人手原因，偏远场馆不能到达，而且正碰上转播车也实在无法到达却又需要信息，组委会事先给每个媒体下一个单子，根据反馈，派单机专程前往采录信号，并基本上采用数字 ENC(电子新闻采访)录制。

中华人民共和国第五届城市运动会新闻中心揭牌仪式于 2003 年 7 月 17 日在长沙隆重举行。新闻中心所在的金源大酒店就在本次大赛主赛场的街对面，步行 5 分钟即到。新闻中心设置了发布厅、记者工作室、新闻制作场地、新闻中心办公场地和记者休息厅 5 大场所。其中新闻发布厅可同时容纳 500 多人，提供写字楼面积 200 平方米作为新闻记者工作室，内设 120 个网络接口，60 台电脑。工程建设及网线工程采用以太光纤接入，网速高达 100 兆。同时开通了无线上网，能多方保证记者在第一时间内快速、高效地发送新闻稿件。同时专门斥资对网线进行升级改造，确保百分之百满足新闻记者采访和信息传递的需求。记者在金源大酒店工作之余还能免费进行游泳、健身。为方便记者工作，交通方面有 10 辆车充作班车，从各场馆通到新闻中心及记者住地。

三、充分发挥大众传媒的作用

如果说，传播是个人或团体主要通过符号向其他个人或团体传递信息、观念或情感的活动的话，那么，新闻传播则是人们借助被称为“延伸的人体”——大众新闻媒介所进行的寻求与获取新闻信息，以适应生存发展需求的能动的社会行为。

体育传播包括人际传播、组织传播和大众传播，而其中的大众新闻传媒已经成为当代体育赛事传播空间的重要纬度。大众传媒自身的高速发展，使其成了大众生活不可或缺的构成因素，它在现实世界中为人们构筑了一张隐形的网络，深入到大众生活的方方面面，体育也因之渗透到大众生活的每一个角落。这样，就使我们必须对当代体育与大众传媒的关系作出认真的思考。

下面，我们对九运会传播中各种大众传媒的最新作用略做一番考察。

（一）大众传媒在赛前对大型赛事传播的策划情况

《广州日报》在九运会前夕，以广州市受众心理分析为导向，确立策划、采编的全新理念，使《九运烽火》体育特刊获得成功。

现代体育传播有个双向互动的规律。受众的心理倾向是决定体育传播者意图的一个重要因素，而且体育传播者的意图又要通过受众心理的接受才能产生作用。因此，把传播学理论中的受众心理倾向和体育传播的实际操作结合起来，进行系统研究，是体育传播学的一大课题。

为了尽量满足体育传播中受众的个性心理需求，就要求对受众进行深入的调查，了解各个不同受众群对体育传播的不同需求。不同性别、不同年龄、不同文化背景、不同职业、不同地域的受众对体育运动项目的喜好都有差别，各类媒体应从内容到形式，有的放矢地精心策划，按需分配，争取更优化的传播效果。

2001 年九运会前夕，《广州日报》委托新生代市场监测机构作了《广州日报九运会体育新闻报道的受众心理调查报告》，为该报策划针对受众心理和需求的分析提供了客观依据。

例如，从受教育程度来看，《广州日报》的高中以上学历的受众就占总受众的71%；从受众的工作情况来看，拥有固定工作的受众占60%，学生占12%(见图6-1)。

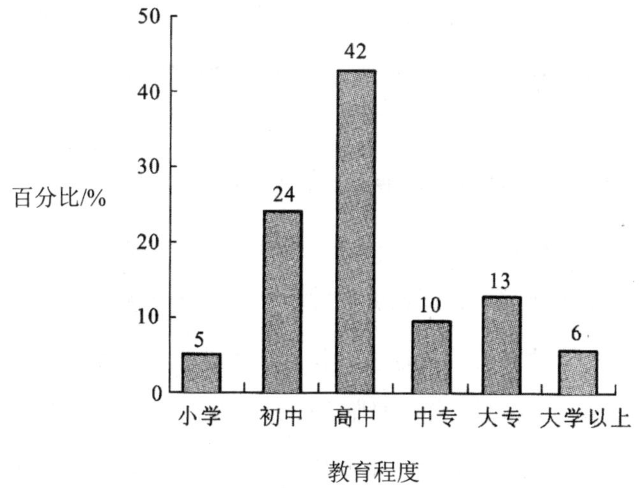

图 6-1 广州日报受众受教育程度

这说明能够抽出时间到比赛现场或者通过电视实况转播收看比赛的人会大为减少，而通过不受时间限制的报纸来了解九运会比赛信息的人会大大增加，于是就提供了机遇，应该充分发挥《广州日报》之所长，抢夺信息战的制高点。

又如，另有28%的受众时间比较宽裕，但调查发现只有12%的受众知晓九运会在广东共有15个赛区，于是11月6日的《广州日报》抢在其他媒体之前，率先推出对开16版的九运特刊《九运观览一本通》，为广大受众提供了了解九运会赛区的较为全面的资讯。

对新闻媒体和受众进行科学深入的供给和需求分析，无疑对优化新闻传播市场资源配置，提高新闻传播的效益和媒体产业的效益具有现实意义。实践证明，以受众心理调查分析为指导的《广州日报》九运会体育传播在开发潜在市场方面是相当成功的。《广州日报》在2000年全年的广告收益为12.25亿元，而2001年头11个月的广告收益就已经与上年持平。这证明，《广州日报》的九运特刊在九运会期间备受受众关注，从而增强了商家对广告投入的信心。

由此例可见，体育信息的传播方为了达到传播效果的最优化，在受众调查方式上作了一些变化：从原来主要在信息传出后了解受众意见，走向更重视在信息制作之前了解受众意图，即从重视反馈走向重视前馈；从其调查对象的面来说，从广泛的大众调查，走向分类分层的分众调查、小众调查；在调查的实质上，从对表面的行为动向的把握，走向对受众内心的心理需求的把握；从调查结果上来说，从内容分析、分类分析，走向更精确化的量化分析。

（二）体育大赛前电视转播权的转让策划

历史上体育运动信息的传递、传播主要依靠学校教育，这已不能适应社会的飞速发展，特别是不能适应竞技体育国际化、高水平化和竞争激烈化的现状。电视则大大加快了体育信息的传播速度，使许多不能直接观看体育比赛的人能够尽快甚至同步得到体育的消息，并能身临其境地享受到体育比赛带来的欢乐。并且，正因为体育信息主要是以形象符号来传播的，使得它特别适合利用电视图像的方式传递信息。因此，电视使体育运动的社会覆盖面越来越大，影响越来越深，甚至可以说现代竞技体育离开电视必定寸步难行。

我们要办一个赛事，首先考虑的是要找一家赞助商，可是往往有了电视转播，赞助商才愿意出钱。往往赞助商给钱的前提是要求有电视转播。有的赛事目前还不太有市场，通过规范操作可以培育市场。起初，规范操作是主办者出资来制作电视信号，并提供或转让给电视台播出，把置换来的广告时段回报给赛事的赞助商，使设奖杯的赞助商能得到贴片广告时段，由此得到更多的回报。由于开发了转播权在实现社会价值和经济价值方面充分满足了赞助商，逐渐就把市场引入良性循环轨道，慢慢把市场培育起来。第二年的赛事就有可能在这个基础上进一步增长社会效益和经济效益。赞助商从中得到了较好回报，电视转播收到了良好的社会效益，场地广告商的利益也得到了兼顾，市场得到了培育，坚持下去，就有可能变无市为有市。

现在，电视插播广告的专业化程度已经非常高了，电视转播权开发手段也越来越多样化。比如世界杯足球赛，因为足球比赛不能像篮球比赛那样在赛事进行中插播广告，赛事主办者为实现转播权价值，又有了新招。我们可以发现，世界杯足球赛的转播中，当电视屏幕上展示比分时，就出现赞助商的商标，这是在制作赛事时加进去的。

这样，我们就清楚了，在具体赛事传播策划的一开始就会遇到广、电转播权转让这一实际问题，难怪，被誉为传播学奠基人的施拉姆在他的《传播学概论》中，论及大众传播媒介(主要是电视节目)的社会影响时，也认为商业化的大众传播媒介，产生了无法控制的社会影响。

在市场经济的今天，大众传媒再依靠政府，搞指令性公益经营显然已不合时宜。运用商业化的市场手段经营大型体育赛事的传播，已成必然趋势。

2002 年 10 月 25 日，中华人民共和国第九届运动会电视、广播报道权有偿转让工作小组组长刘清早向媒体宣布，九运会的电视、广播报道权有偿转让已接近千万元，为九运会筹集了一笔资金，更为接近国际惯例，系统开发体育赛事资源作了一次有益的尝试。

有偿货币转让全运会的电视、广播报道权，这在全运会的历史上还是第一次。为了推销“有偿转让”这件产品，组委会煞费苦心，为它进行了彻底的商业化的包装。首先按地域分，按版权划分为全国版权、地方版权、港澳地区版权和海外版权；同时又结合电视台的特点，划分了有线版权、无线版权、卫视版权。采用谁使用谁缴费的原则，分省级台、省会城市台、计划单列市台、地级市台几个等级进行定价，把战火引向了电视台。这套方案在香港还引发了一场不大不小的争斗。由于香港地区为非独家版权，可以重复购买，香港无线电视台首先出钱购买，接着亚洲电视也紧随其后购买以争夺观众，凤凰卫视见势不妙，也赶紧过来谈判，于是香港地区有 3 家电视台对九运会进行报道。最后包括中央电视台在内的 30 家电视台和 5 家电台购买了报道权。

(三) 体育大赛前网络媒体的组织策划

迅速增长的6 000多万中国网民，开始把网络作为获取新闻信息的主要渠道之一。当重大事件发生之际，对期待了解信息的网民来说，网络的重要性，不但胜于广播，甚至超过了报纸，一跃而成为仅次于电视的“第二媒体”。网络在传播方面的优势、强势主要表现在信息量大、选择性强、时效性强等令传统媒体可望而不可即的方面。这种优势栏九运会上得到了更大能量的放射，甚至可以说，今天的传统媒体已经离不开网络的支持。

有些电台、电视台、报纸的信息实际上来自网站，包括每天的赛事安排日程、运动员名单、各队成绩等等。其中最重要的要数实时报道。很多第一时间的消息，即所谓的“最新消息”往往是这样来的。传统媒体派往前线的记者总是有限的，不可能每时每刻盯着每个比赛场地，注意每个运动员的情况，统计每个队的实时成绩，所以，网络成为记者编辑的最可靠助手。甚至，有时候需要后方工作人员把从网上了解的情况告诉前方记者，再由前方记者口述，形成所谓的“前方记者报道”。由此可见传统媒体对网络已经形成很强的依赖性。

九运会官方网站(www．9thgames．org．cn)拥有18台性能先进的服务器，每天可以容纳2 000万网民浏览信息，关注九运全程实况。在这个多功能网站上，只需鼠标轻点，不仅能知晓九运会30个大项、243个小项的比赛信息，了解大到广东风貌，小到交通状况，各类信息包罗万象，同时还可以看到赛场直播。除了大家看惯的文字、图片外，还可点播网站特别采用的多媒体视频播放系统，像看VCD一般。实时内容包括历史资料、比赛精彩片断、360度的全景场馆介绍，使得网上赛场不再是干巴巴的文字，而是有声有色，让人突破时空界限，对各赛场有身临其境的感受。2 000多小时的视频信息，足可以让上网比看电视更新鲜、更过瘾。另外，为了方便海外华侨华人了解九运信息，还特意开通了一个繁体字版本。九运会完善的综合处理系统，加上网站的实时滚动报道，可以使15个分会场的计时项目实时成绩于5秒内在网站上发布。九运会第一次做到了互联网与比赛现场大屏幕、电视转播同步发布竞赛成绩，而1990年的北京亚运会，电脑成绩处理系统只能在每场比赛结束后的3分钟内整理出非正式成绩表，15分钟后才在新闻中心发布成绩公报。

意识到危机的平面媒体采取与网络联姻的方式提高自己的竞争力。以《人民日报》为例，它成立了由科教文部、海外版、人民网、华南分社、京华时报 5 个部门共 30 人组成的九运会报道团，人民网派出 5 人参加。在李仁臣副总编辑的统一指挥下，各部门对九运会的报道形成一个有机的整体。人民网成为第一发稿对象和稿件中枢，通过人民网，把人民日报关于九运会的报道在第一时间传递给读者，共发布本报记者采写的原创新闻 700 多篇、图片 200 多幅、视频新闻 20 多条，发布消息及时，背景资料丰富。人民网和九运会组委会共建了“聚焦九运会”专题网站，是唯一和组委会共建的网站，受到九运会组委会和同行的肯定。他们发挥网络的交互优势，在九运会期间，人民网体育论坛先后邀请了开幕后首金得主王义夫、体操明星刘璇、九运会反兴奋剂办公室主任史康成、中国女子曲棍球队韩籍主教练金昶伯、中国体操运动管理中心副主任高健、足球名记者李响、击剑冠军叶冲、国足冲进世界杯功臣李玮峰、前世界第一女高中锋郑海霞等 9 位嘉宾在网上与网民交流。每次交流前，人民网都对嘉宾进行 20 分钟左右的视频专访。视频报道、图片报道、论坛交流，三者结合在一起，充分体现了网络特性，吸引了大量的网民。

除了官方网站，九运会同时设有一个合作网站“爱体育”(www. itiyu. com)。官方网站是九运会组委会发布综合信息的唯一窗口，为了突出官方的权威性、准确性，它不进行商业操作，而商业任务则由赞助商广州沃城科技有限公司开办的网站“爱体育”来承担。这主要是一个电子商务系统，为网民提供网上订票、订房、订购纪念品等服务；而以往全运会上，售票的主要手段还是繁重的人工手段。合作网站同时设有体育聊天室，体育爱好者尽可进入，与体育明星互动沟通，交换心得。如果用户需要，在网上经过一番订制就可以在手机上收到网站实时发来的赛场短讯。

把公众的注意力集中于某些事件上，形成议论中心，这在传播学上称为“议程设置”，它是大众传媒对社会的积极作用之一，互动的互联网在这方面正具有得天独厚的优势。它可以使赛事成为大众热点、焦点，也可以使赛事的发展得到大众的有效监督，并可以使舆论得到正确的引导。

四、充分发挥中介的作用

传播是人类交流信息的一种社会性的行为，是人与人之间，人与他们所属的群体、组织和社会之间，通过有意义的符号所进行的信息传播、接受与反馈行为的总称。

体育经纪人的行为就是一种传播行为，就是人与人之间信息的传递与分享，是一种共享信息的过程。由于传播的双向性特征，经纪人在经纪活动中，既是信息的接受者，又是信息的发出者。如果没有经纪人这一中介环节，体育赛事与运动员、教练员、观众、社会或许就无法沟通，无法发生关联。经纪人的传播活动正是试图打破信息传输的阻障，使信息的传递不断冲破有限的空间束缚，向外扩张。经纪人在传播链中不可或缺的中介作用是显而易见的。

体育赛事经纪与赛事转播的关系较为密切。赛事经纪是赛事转播的关键，它在市场运作中起到桥梁和协调、平衡的作用，它可以对赛事转播的时间、价格以及相关市场运作的问题起到沟通与协商作用，对赛事转播的合法权益起到保护作用。

体育赛事经纪是指经纪公司从事与体育赛事相关的各种商业公关活动，包括谈判运动员工资、奖金、出场费、比赛赞助以及其他商业活动等内容。它的经纪内容不包括电视节目的制作和播出，而是从事与节目相关的商业活动，如节目的赞助、节目转播费用的协调等等。

国际上赛事电视转播权的各种经营模式表明，赛事电视转播中的中介机构非常重要。体育市场是买方、卖方和中介机构三方面构成的，中介机构是经济活动不可缺少的中间环节，是联系买方和卖方的重要纽带。我国现有各个协会的经营水平还不高，企业和客户有限，无论是对销售环境的市场调研，对目标市场的把握和定位，设计优化的营销组合(产品策划、包装、定位等)，还是多渠道营销、促销等，都非常需要专业化的营销中介机构来协助完成。电视台、生产企业也同样对中介机构协助包装精品体育赛事电视节目提出了迫切需要。

尽管不同国家对体育赛事经纪的管理规定不一、方法不一，但基本上都抓住以下主要环节，并制定了相应的管理制度加以保障：①资格审定制度；②注册登记制度；③保证金制度；④合同管理制度；⑤佣金制度(按比例收费、按时间收费、综合收费、固定收费)；⑥仲裁制度；⑦违规处罚制度；⑧培训制度。这些制度的确立，可以基本保证体育赛事经纪公司(包括体育经纪人)及体育赛事经纪活动的正常运作和发展。

体育赛事经纪的产生符合分工精细化、协作有机化和现代社会经济发展的大方向，符合互利互惠的现代化商业原则，因而它具有极强的生命力。通过研究西方国家的体育赛事市场，我们发现，西方职业体育的兴旺发达在很大程度上依靠着体育赛事经纪公司(包括体育经纪人)的推波助澜。我国几名著名足球运动员的成功转会、姚明的赴美、北京 2008 年申奥成功等几个大的体育事件，背后都有体育中介公司运作的功劳。

五、开发赛事的无形资产

从传播角度而言，体育及其赛事具有自身备受关注并易与大众传播媒介(报刊、广播、电视、互联网)结合的特点。因此，有学者把与商业信息、大众传播媒介发生一定联系的体育及其相关人物、组织、赛事等统称为体育媒介市场。体育媒介市场就是指体育与大众传播媒介相互结合所形成的、能够传播本育与商业信息的一种具有现代商品经济社会市场功能的媒介市场。体育媒介市场主要包括运动员、运动队媒介市场，体育组织媒介市场，赛事特许权市场，电视转播权转让市场，等等。

此前已经谈及赛事的电视转播权开发、大众传播媒介的作用、体育明星的资源开发，而体育组织、赛事特许权的开发正是本节要着重谈的，它们属于体育赛事无形资产开发的范畴。显而易见，它已经不是一个纯粹的埋论问题，在体育赛事传播的具体策划和操作中，不可避免地会涉及。

用一种广义的大众传播媒介或组织传播体系来研究体育，就会发现它也涉及传媒产业的本质之一，即影响力经济，其基础就是体育传播所具有的无形资产(Intangible Assets)。

尤其是奥运会的影响力、凝聚力超过了所有的活动。只要打出奥运会的招牌，一个广告就可以把 119 个国家和地区都覆盖到，所以赞助奥运会最有利于宣传自己产品的品牌和形象。例如，可口可乐花费 1 亿美元，赞助 1996 年的亚特兰大奥运会，之后便增加盈利 21%，而其老对手百事可乐的利润下降 77%。

与国民经济中的其他实体经济不同，体育产业中的无形资产比重要大得多。

中国奥委会无形资产的主要表现方式是中国体育代表团参加大型运动会，如奥运会等产生的一系列形象、影响等。

此外，作为奥林匹克品牌传播系统工程的重要组成部分，奥运会会徽、吉祥物、火炬、招贴画、会歌等的一一推出，对于一届奥运会的举办城市、举办国家来说势必都会引起一浪高过一浪的奥运热潮，引导民众了解奥运、认识奥运、感受奥运，而这些环节均需一一精心策划。

第三节　大型体育赛事传播策划应注意的问题

一、有条不紊、组织有序

在实际操作过程中，要真正做到有条不紊、组织有序，并非易事。例如，坚持原则与灵活应变相结合。

九运会电视转播权开发的有些做法严格参照了国际惯例。为什么九运会连广播转播权也要开发呢？这是因为我国必须习惯国际的这个做法。以 1996 年亚特兰大奥运会为例，有的地方电台记者没有向国际奥委会买广播报道权，中国奥委会为了照顾他们，分配名额时让他们以报刊文字记者的名义报了名，结果就出了问题。当有的中国电台记者拿着录音机进亚特兰大赛场时被发现，录音机被没收，因为他们没有买转播权，佩戴的不是广播记者证。结果，有关方面让中国奥运代表团去解释。国际奥委会的规定非常严格，为保护奥林匹克知识产权，没买电视报道权的电视媒体绝对不能扛摄像机进赛场，没买广播报道权的广播媒体绝对不能拿录音机进赛场。由于 1996 年亚特兰大奥运会已经发生了问题，所以 2000 年悉尼奥运会前，国家体育总局和广电局商定，这一次必须按照奥运会的规定去做，广播媒体也应该买广播报道权，中国奥委会不能再把文字记者的名额分配给广播媒体了。作为国际奥委会的成员，我们有责任遵守奥林匹克宪章，维护奥林匹克的知识产权，不能去违背规定，给我们国家造成不良影响。

二、保障信息传递畅通

在我国体育赛事电视转播权的开发中，还要进一步转变观念，走出认识上的误区，这样才能保障信息传递畅通。

中央电视台体育中心主任马国力曾多次说，请告诉国家体育总局领导，我并不反对购买转播权。的确，在 2000 年广电总局下发的文件中，也明确认为赛事转播权是要购买的。但是，由于各个地方的开放程度和认识程度不一样，广电系统和体育系统有的地方、有的单位对这个问题仍然有一些模糊认识。

三、提高科技含量

里约奥运会期间，全球 220 个国家和地区的近 50 亿观众收看了电视转播；而奥运官方网站的点击率，据 IBM 全球网络统计，竟高达 200 亿次，至于点击遍布全球的专业和综合网站的人更是难以计数。可见，体育网络媒体已成为传播体育赛事信息的重要渠道。

高新技术的支撑和引领是网络发展的生命线，可以说网络发展的每一步都离不开高新技术。体育网络传媒要吸引更多网民的眼球，就要不断增强自身的科技含量。这可以从传播的内容和服务、表现形式、传输手段、人才素质诸方面入手。

在大型综合性运动会中，运用最新的信息技术已成为一种潮流。比如长沙第五届城运会上露面了大量信息新技术，其整体技术水平甚至超过了广州举行的第九届全运会。这将使第五届城运会成为我国迄今为止信息传播技术水平最高的一次综合体育盛会。

据有关负责人介绍，第五届城运会上所运用得很多高新技术是九运会上未曾使用过的。在通信保障方面，长沙地区各比赛场馆之间采用“天翼通”无线上网技术，记者可以租借无线网卡，在比赛现场随时上网发布信息；比赛裁判长以及主要负责人使用最新推出的“小灵通”进行联络，避免大型活动时的信息堵塞；可视电话技术在五城会上也得到大量使用，这种名为“新视通”的技术第一次大量用于比赛的现场监控，可与 4 个终端同时对话。在信息传播方面，各个比赛场馆采用了中国电信网络以及 2 M 专用线路，同时还保证每个比赛场馆使用 ADSL 系统作为备份，租用 100 M 宽带网用于信息传输。为方便记者发稿，城运会主新闻中心以及主要比赛场馆的分新闻中心都设置上网信息口，并配备电脑供记者使用。五城会比赛的计时、计分全部采用现代化的电子技术设备，这使得五城会的官方网站可以实现各单项比赛的即时查询。五城会进行网上远程报名，这在全国还是第一次。

到 2008 年，当人们期待中的飞人冲过百米终点线时，这条新闻将以比其速度快亿万倍的光速向全球发出。届时，以 2006 年建成的北京奥运村为中心，整个奥运“互联网”将呈星形辐射到各个比赛场馆，为每一个场馆提供宽带高速互联网业务，保证多媒体电视会议、远程医疗手术、大片点播等未来功能。现场的记者、工作人员、甚至每一位观众都可以通过身边的笔记本电脑、手机、PDA 等信息终端接人互联网，把新闻发送到新的海底光缆、车载卫星以及覆盖全国的数字广播系统，从而真正实现“任何人、任何时间、任何地点获取信息”。这条“飞人冲过终点”的消息还将被制成多媒体、互动节目，甚至游戏，届时的北京宽带网已可满足完全实时的网上直播、娱乐，传送高保真电视信号。据悉，北京在现有的通信网络基础上，加快建设各类先进的通信设施，最终提供一个可靠度高、高度灵活、可扩展、可重新利用、能适应新技术发展的数字化通信系统，高质量地满足奥运会的传播需求。建设奥运广播电视专网及其配套基础设施，为奥运会的广播电视转播和信号传输构筑可靠的支撑平台，让世界人民欣赏到精彩纷呈的北京 2008 年奥运会。实现广播电视系统从模拟向数字的技术转变，建立城市数字有线电视网、数字卫星直播电视系统、数字地面电视系统、数字广播系统，并大力拓展服务业务，为奥运会提供丰富的数字广播电视及其增值服务。为了建设国际水平的信息网络基础设施，北京拟投资 300 亿元。

四、及时排除不良信息

在开发九运会赛事转播权有偿转让的同时，组委会还注意强调服务意识，满足已购买了转播权的广电媒体的需要，并保护他们的权益。组委会委托央视调查机构调查转播情况，发现个别电视台没买报道权，却也做了节目和转播，便通知他们停止播出，这样就及时消除了违规传播。看来，电视转播权开发还不能忽视监测工作。

在及时制止不良信息传播方面，有一则范例。“国务院发文治理赛场”被《中国体育报》评为“2000 年中国足球十大新闻”之一。2000 年 7 月 15 日，在西安赛区，陕西国力队对成都五牛队的比赛后，发生了大规模的球迷闹事事件，引发了大量球迷与警方的对峙。中国足协严厉处罚西安赛区，取消了承办陕西国力队主场比赛的资格。球场安全问题引起了中央领导的高度重视，国务院办公厅于 7 月发出通知，要求切实加强足球联赛的管理，提倡文明赛风，维护足球比赛秩序和社会稳定。这是新中国成立以来国务院下发的第一份有关足球赛场管理工作的文件。该文件还明确指出：“对于带有明显导向错误的新闻媒体要根据有关规定给予严肃查处。”这就及时制止了那些借赛事散布虚假新闻、宣扬狭隘的地方保护主义，乃至扩大事态、煽动暴力的不良信息，及时、有力地维护了赛场秩序、社会安定和体育赛事的正常传播。

奥运会会徽是奥林匹克品牌资产的重要载体，蕴含着丰厚的奥林匹克文化信息，使用、传播这一形象首先必须得到奥运会会徽的权利人——奥组委的授权，否则就是对奥林匹克知识产权的侵犯。

参 考 文 献

[1] 岑传理．五环旗下的奥运会[M]．济南：山东文艺出版社，2001．

[2] 陈力坩．马克思主义新闻思想概论[M]．上海：复旦大学出版社，2003．

[3] 第 29 届奥林匹克运动会组织委员会．奥运会媒体运行[M]．北京：中国传媒大学出版社，2007．

[4] 杜婕，张秀萍．奥运传播与文化[M]．北京：北京体育大学出版社，2006．

[5] 郭可．当代对外传播[M]．上海：复旦大学出版社，2003．

[6] 国家广播电影电视总局发展研究中心．2007 年中国广播电影电视发展报告[R]．北京：新华出版社，2007．

[7] 郝勤，陈峰，郭勤，等．体育传播论[M]．成都：四川出版集团，2008．

[8] 黄瑚．新闻法规与职业道德教程[M]．上海：复旦大学出版社，2003．

[9] 黄瑚．中国新闻事业发展史[M]．上海：复旦大学出版社，2001．

[10] 黄升民，丁俊杰．中国广电媒介集团化研究[M]．北京：中国物价出版社，2001．

[11] 靖鸣．记者招待会的组织与传播[M]．南宁：广西人民出版社，2004．

[12] 李良荣．当代西方新闻媒体[M]．上海：复旦大学出版社，2003．

[13] 倪祖敏，张骏德．报刊发行学概论[M]．上海：复旦大学出版社，2005．

[14] 童兵，林涵．20 世纪中国新闻学与传播学：理论新闻学卷[M]．上海：复旦大学出版社，2001．

[15] 童兵．马克思主义新闻经典教程[M]．上海：复旦大学出版社，2002．

[16] 王大中．后奥运时代的体育传播[M]．北京：中国传媒大学出版社，2010．

[17] 王学成．全球化时代的跨国传媒集团[M]．北京：社会科学文献出版社，2005．

[18] 吴郁，侯寄南．广播电视新闻语言与形体传播教程[M]．北京：中国人民大学出版社，2001．

[19] 肖沛雄．新编传播学[M]．广州：广东人民出版社，2006．

[20] 许颖．广播电视新闻实务[M]．大连：东北财经大学出版社，2007．

[21] 杨保军．新闻真实论[M]．北京：中国人民大学出版社，2006．

[22] 喻国明．传媒影响力[M]．广州：南方日报出版社，2003．

[23] 喻国明．解析传媒变局：来自中国传播业第一现场的报告[M]．广州：南方日报出版社，2002．

[24] 张锦华．传播批判理论[M]．台北：黎明文化事业股份有限公司，2003．